반갑습니다

어린이 여러분 반갑습니다.
피아노를 잘 연주하기 위해서는 우선 음악의 기초이론들을 잘 배우고 익혀야 합니다.

'음표왕자 리듬공주' 는 음악의 기초이론들을 종이를 가위로 오리고 풀로 붙이고 접고 색칠하는 즐거운 활동을 통해 쉽고 재미있게 익혀 나갈 수 있도록 꾸민 교재입니다.

이제부터 선생님 또는 부모님과 함께 한 장 한 장 즐거운 마음으로 열심히 배워 평소에 치고 싶었던 노래들을 마음껏 연주하는 멋진 피아니스트가 되시길 바랍니다.

남 주 희

차 례

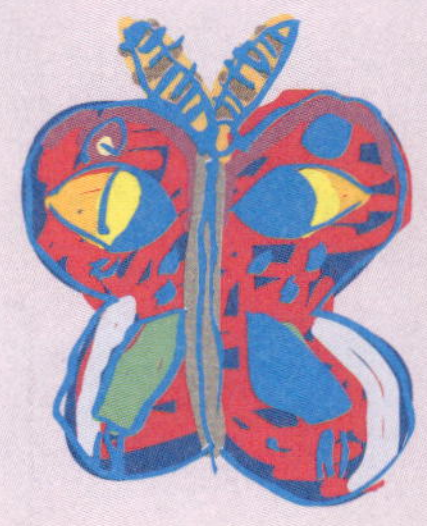

년 월 일

라 · 시

라

모양이 있는 네모칸마다 모두 색연필로 색칠해 보세요.

모양을 색칠해 생겨난 글자가 바로 '라' 입니다.

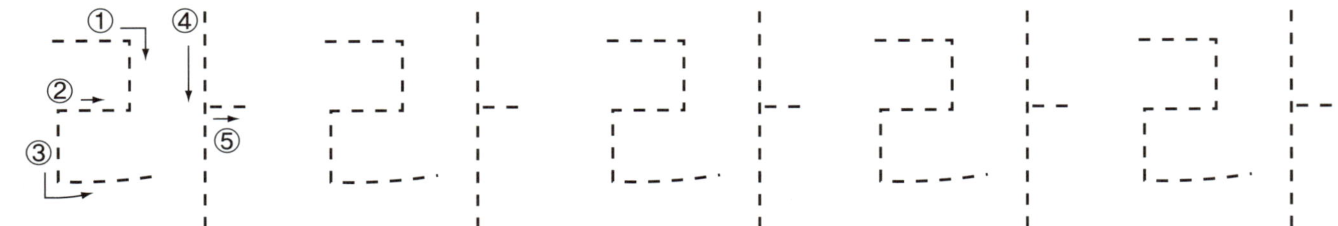

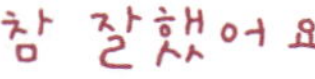

년 월 일

라의 자리

'라' 의 자리를 잘 살펴 보세요.

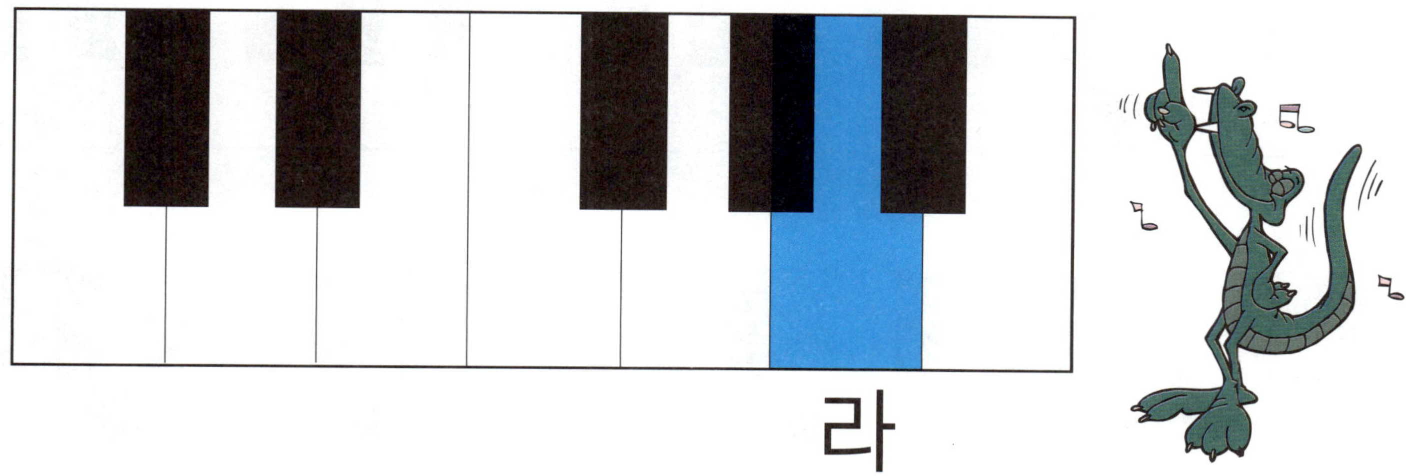

'라' 의 자리를 모두 찾아 색칠한 후 건반 밑에 '라' 를 써 보세요.

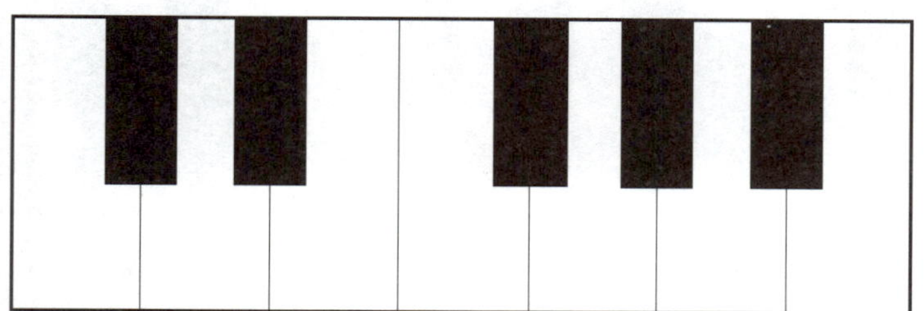

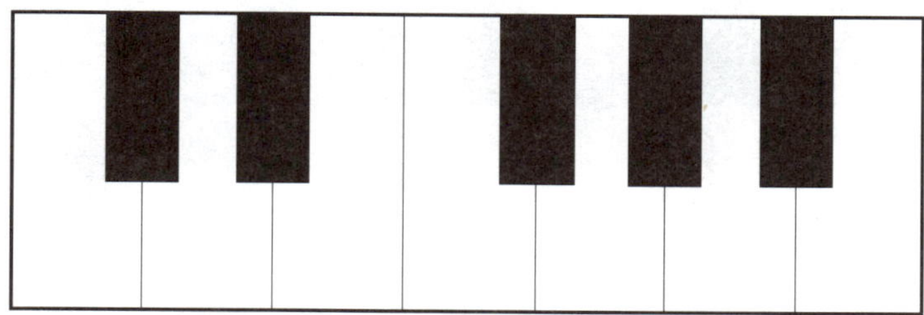

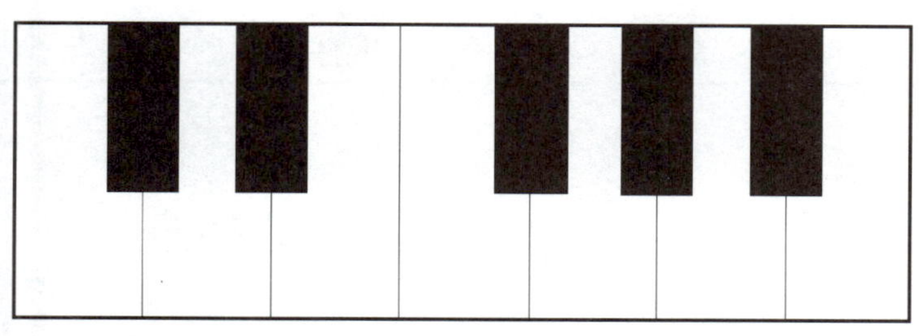

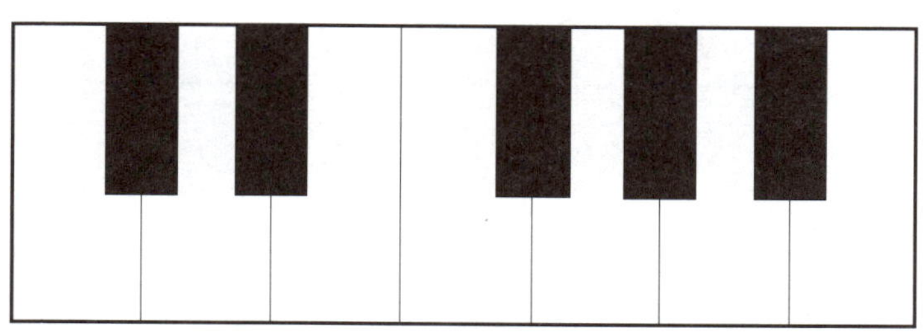

참 잘했어요

년 월 일

'라' 의 자리에 있는 입술에 모두 ○표 하세요.

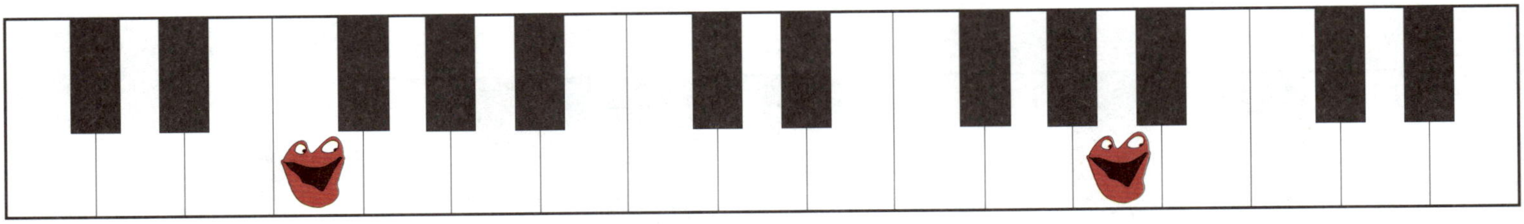

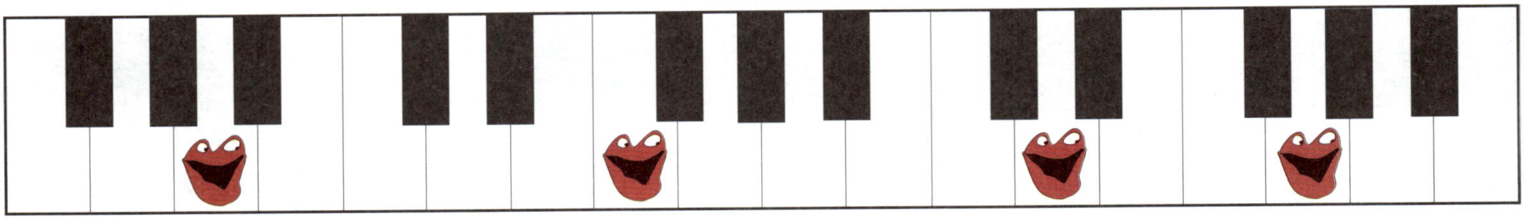

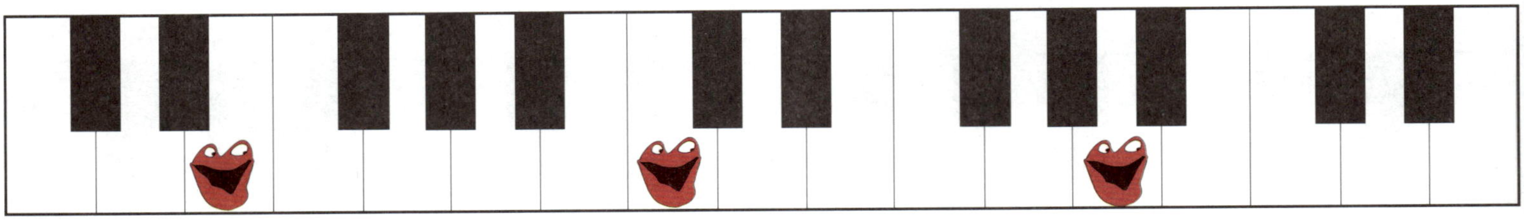

'라' 의 자리에 있는 입술은 모두 몇 개일까요? 개수만큼 색칠해 보세요.

시

모양이 있는 부분을 모두 색칠해 보세요.

모양을 색칠해 생겨난 글자가 바로 '시' 입니다.

참 잘했어요

년 월 일

시의 자리

'시' 의 자리를 잘 살펴 보세요.

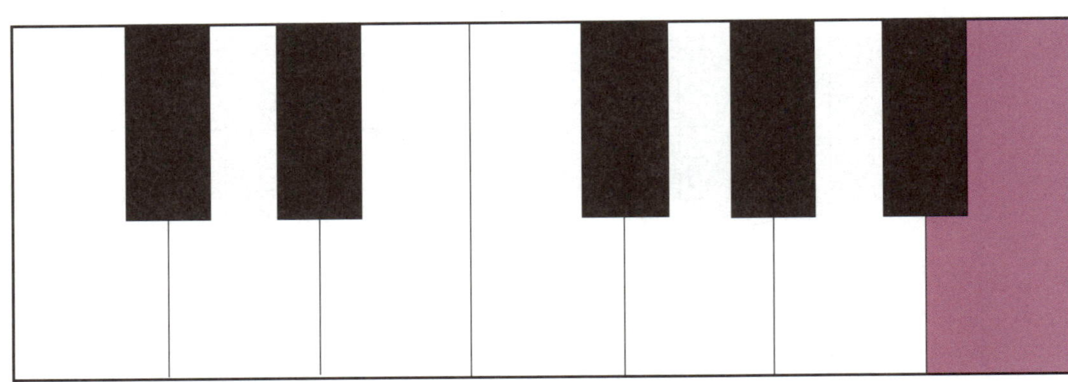

시

'시' 의 자리를 모두 찾아 색칠한 후 건반 밑에 '시' 를 써 보세요.

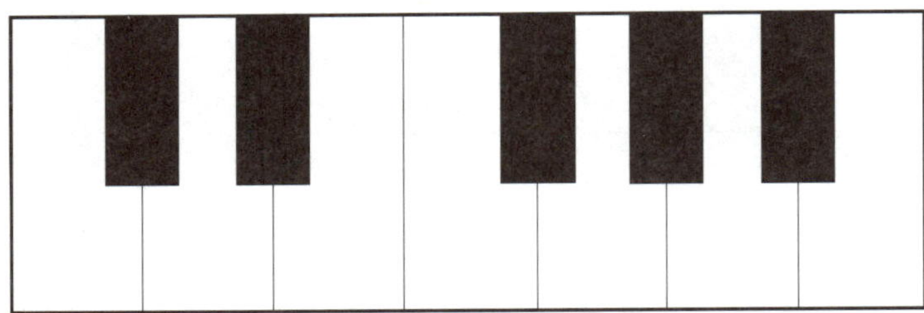

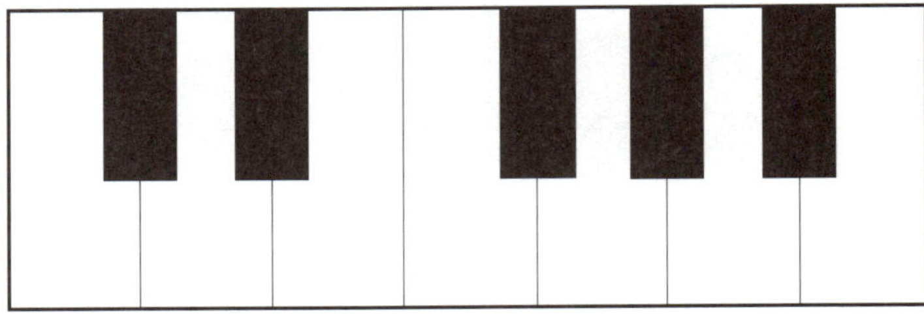

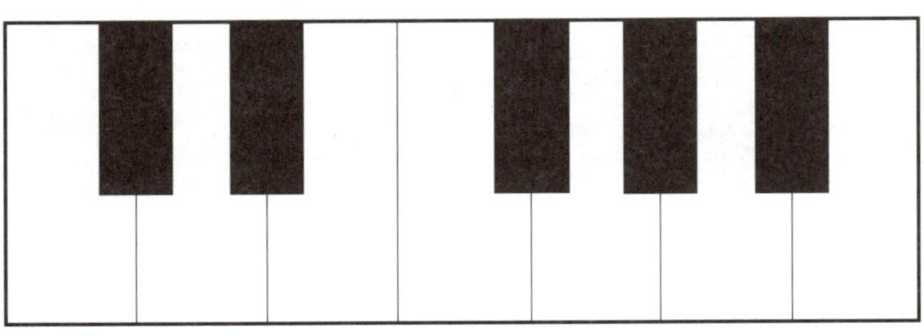

참 잘했어요

년 월 일

'시' 의 자리에 있는 스테이플러에 모두 ○표 해 보세요.

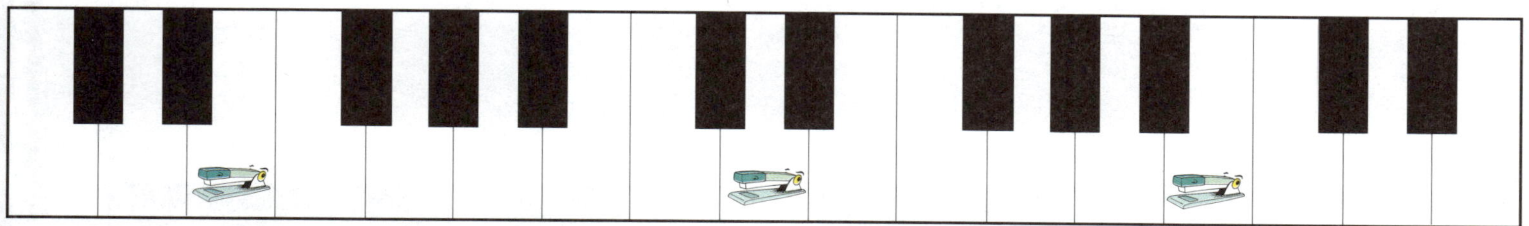

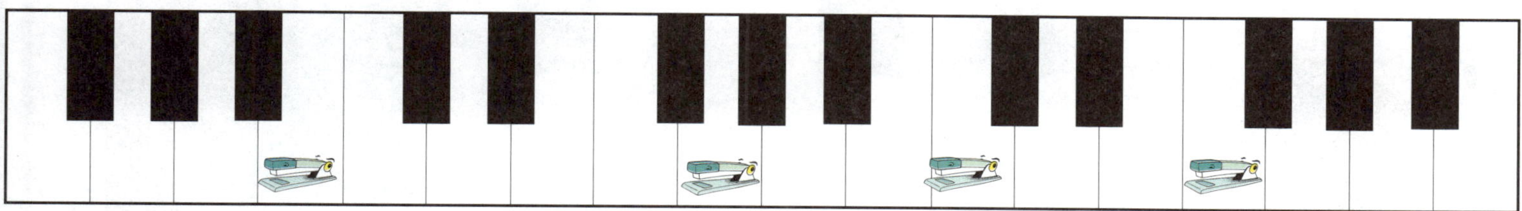

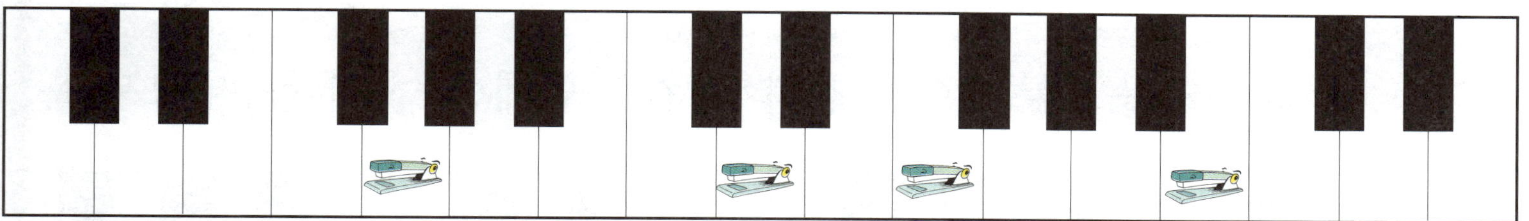

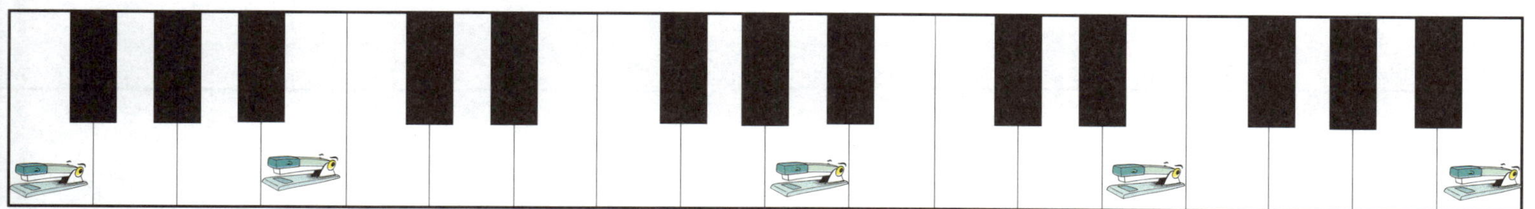

'시' 의 자리에 있는 스테이플러는 모두 몇 개일까요? 개수만큼 색칠해 보세요.

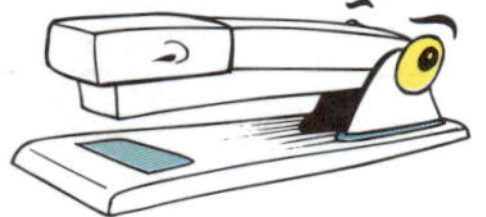

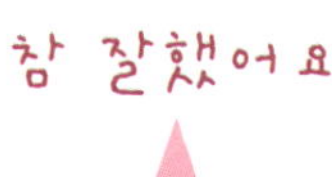

년 월 일

라 · 시의 자리

'라 · 시' 의 자리를 잘 살펴 보세요.

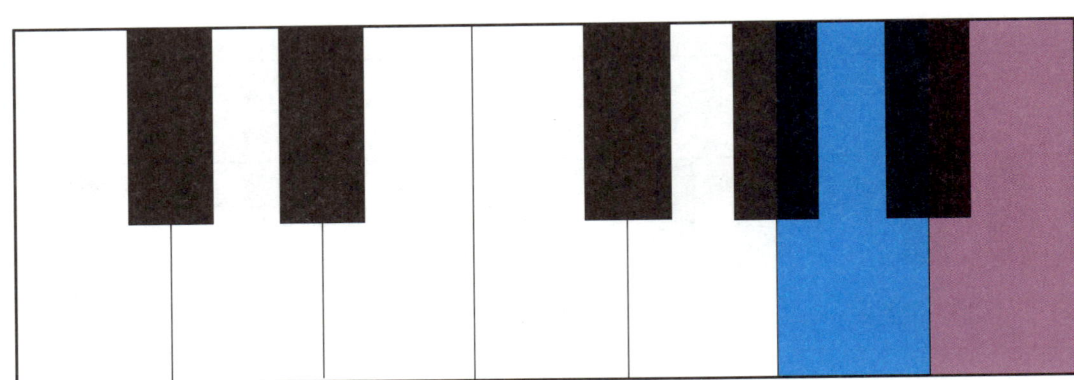

라 시

'라 · 시' 의 자리를 모두 찾아 색칠한 후 건반 밑에 '라 · 시' 를 써 보세요.

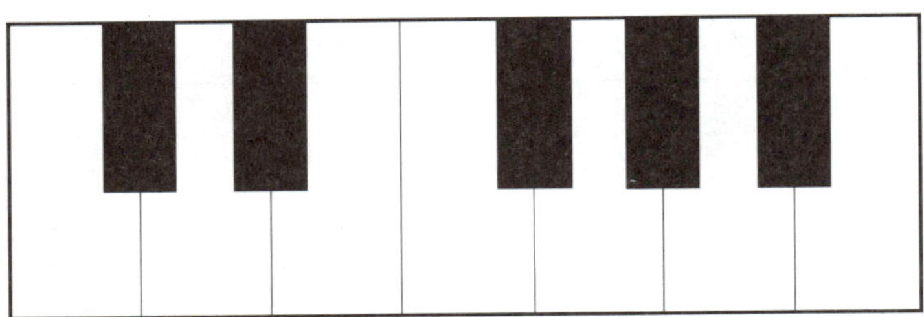

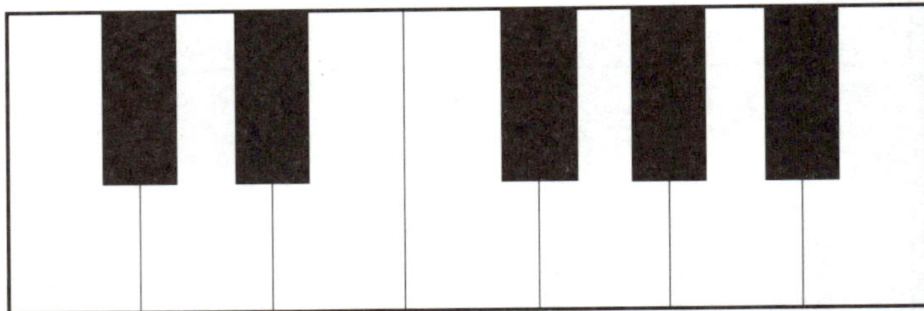

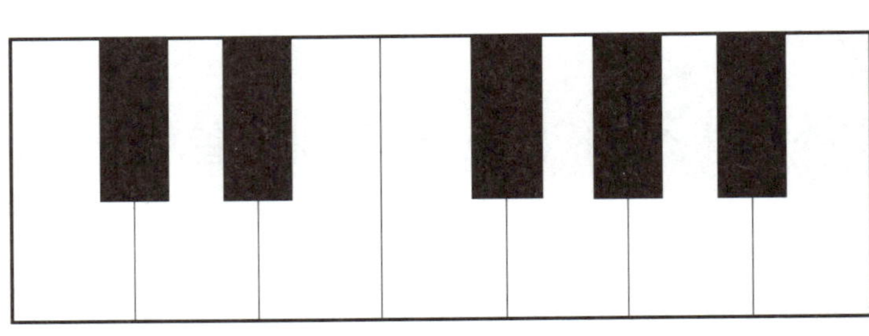

참 잘했어요

년 월 일

색칠된 건반에 맞는 계이름을 줄로 이어 보세요.

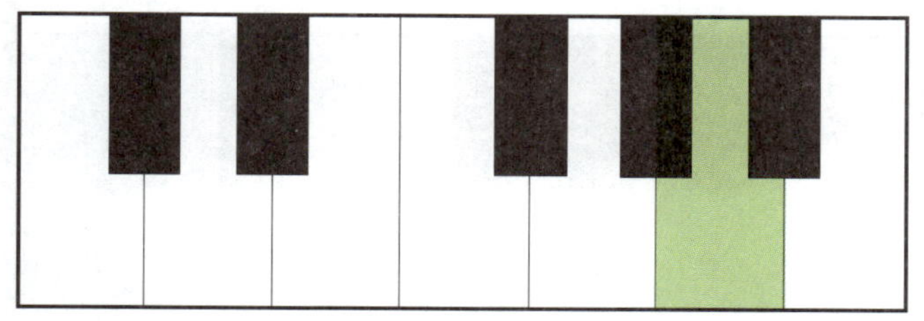

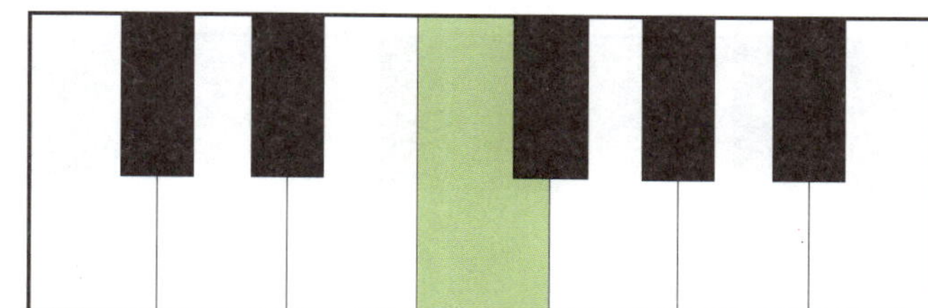

도 미 파 솔 라

도 파 솔 라 시

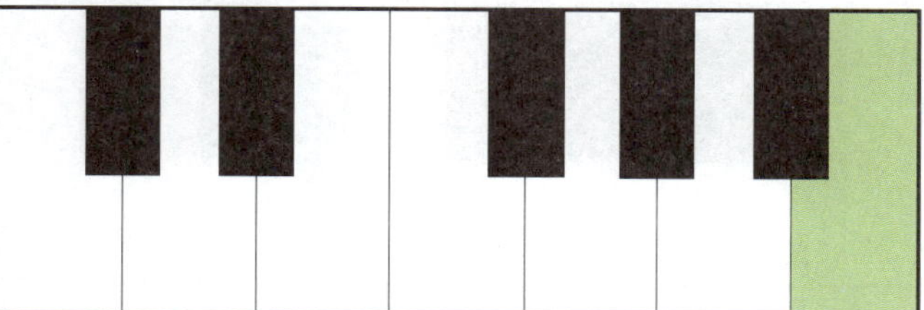

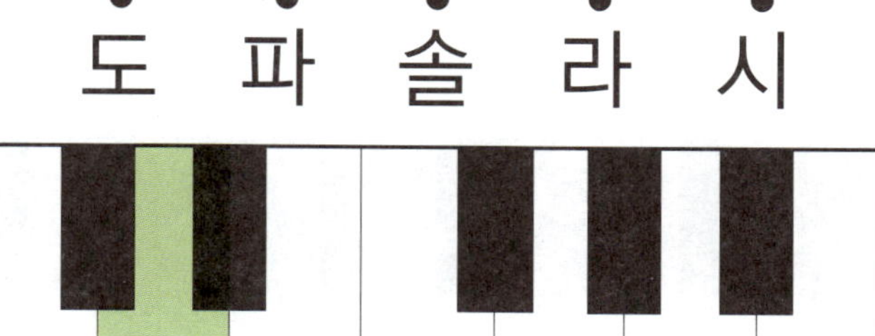

미 솔 시 레 도

파 솔 라 레 도

계이름에 맞는 건반에 뱀 스티커를 붙여 보세요.

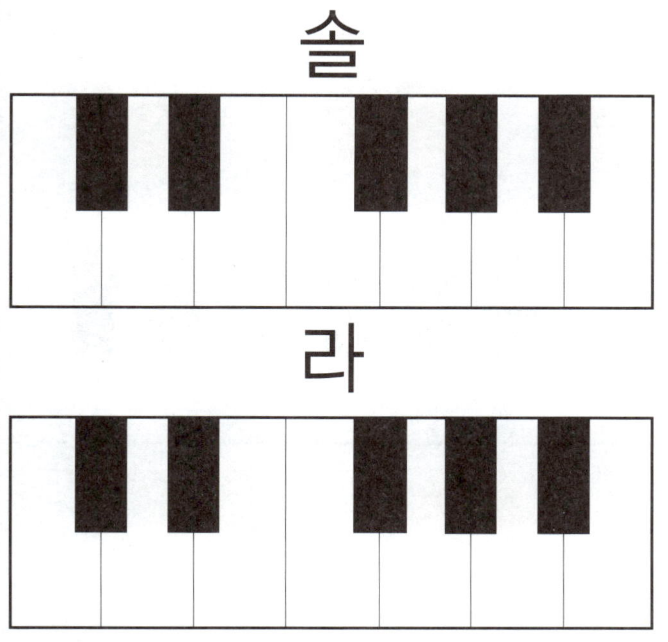

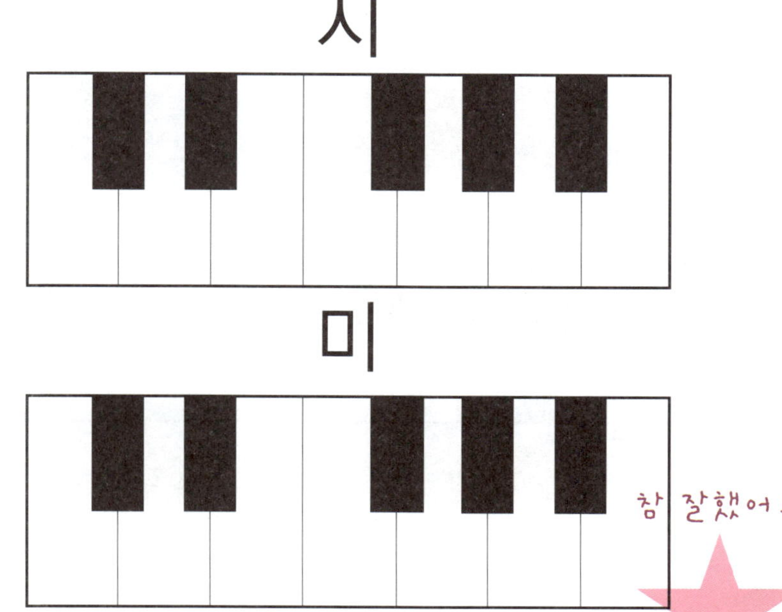

년 월 일

색칠된 건반 밑에 맞는 계이름을 써 보세요.

참 잘했어요

계이름 스티커 붙이기

음높이에 맞도록 계이름 스티커를 붙여 보세요.

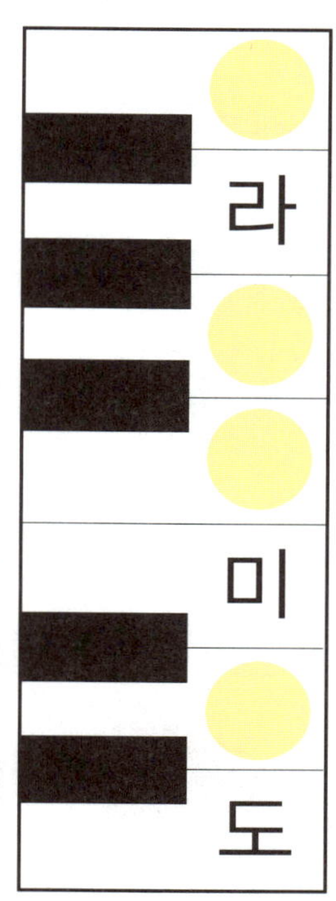

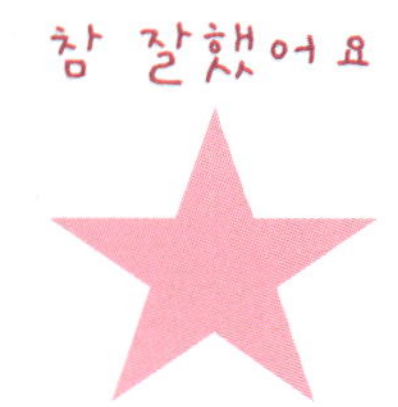

년 월 일

상점 꾸미기

물건 스티커를 이용해 상점을 재미있게 꾸며 보세요.

년 월 일

년 월 일

얼마나 이해했나요?

점수 

1. 손가락 번호에 맞도록 손가락에 색칠하세요.

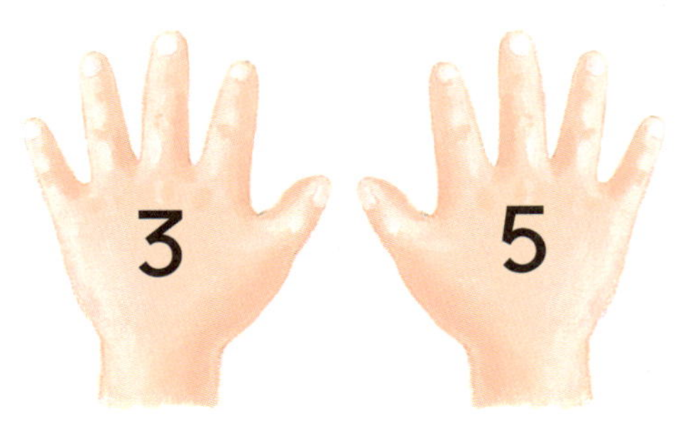

2. 주어진 이름에 맞도록 음표를 그려 보세요.

4분음표 

2분음표 

3. ♩♩𝅗𝅥 의 길이를 바르게 나타낸 것에 ○표 하세요.

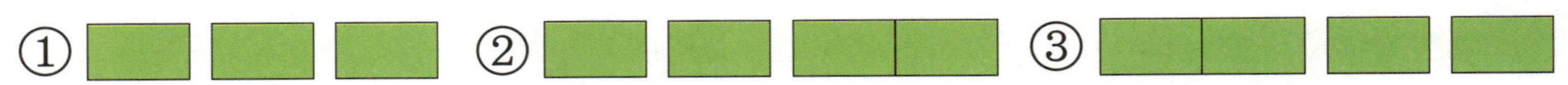

4. 𝄽 의 이름을 써 보세요.

 분쉼표

참 잘했어요

5. ♩♩𝄽 의 길이를 바르게 나타낸 것에 ○표 하세요.

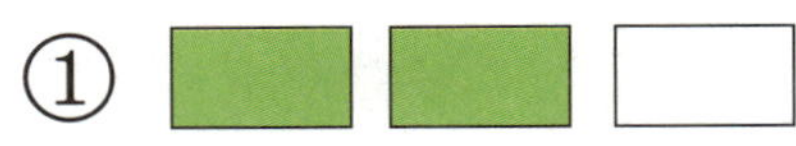

6. 계이름에 맞는 건반에 보석 스티커를 붙여 보세요.

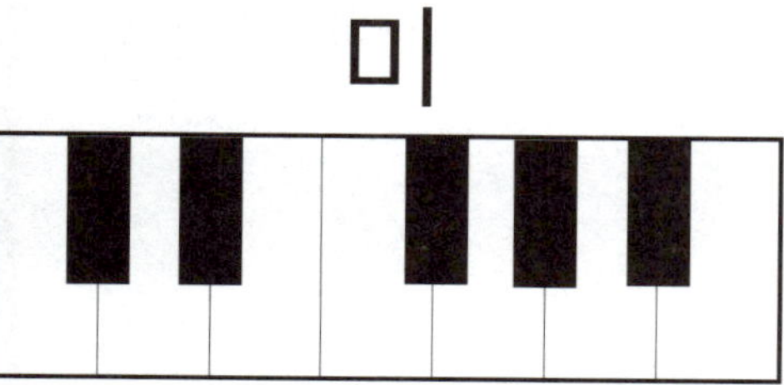

7. 빈칸에 맞는 계이름을 써 보세요.

8. 빈칸에 맞는 계이름을 써 보세요.

9. '라' 의 자리에 있는 넥타이에 모두 ○표 하세요.

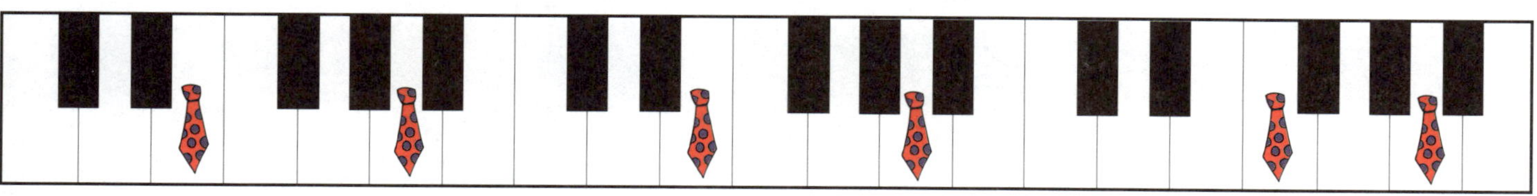

10. '시' 의 자리에 있는 딱정벌레에 모두 ○표 하세요.

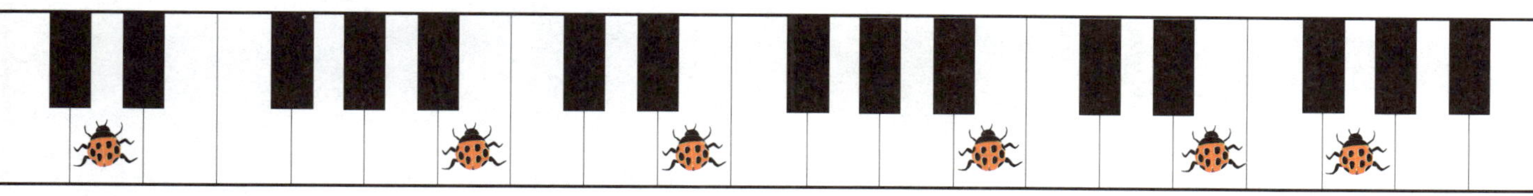

년 월 일

도·레·미·파·솔·라·시

도·레·미·파·솔·라·시

점선을 따라 쓰면서 서로 다른 음높이를 지닌 계이름을 비교해 보세요.

빈 칸에 맞는 계이름을 써 보세요.

참 잘했어요

년 월 일

도·레·미·파·솔·라·시의 자리

'도 · 레 · 미 · 파 · 솔 라 · 시' 의 자리를 잘 살펴 보세요.

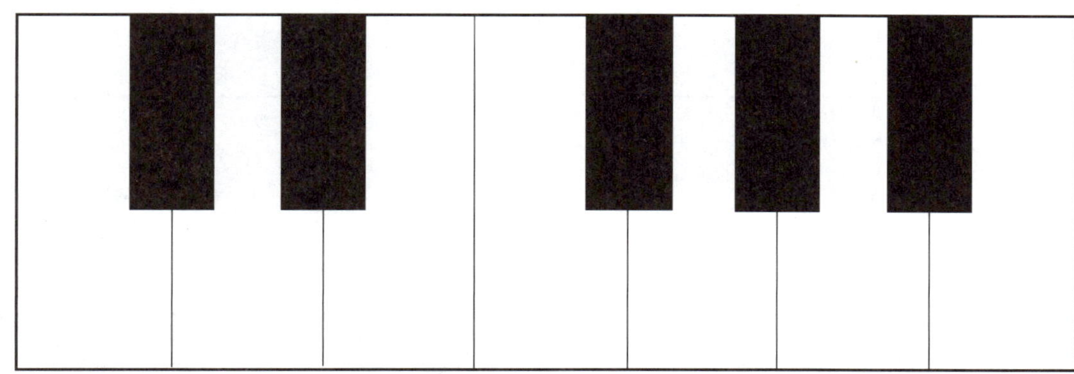

도 레 미 파 솔 라 시

● 안에 맞는 계이름을 써 보세요.

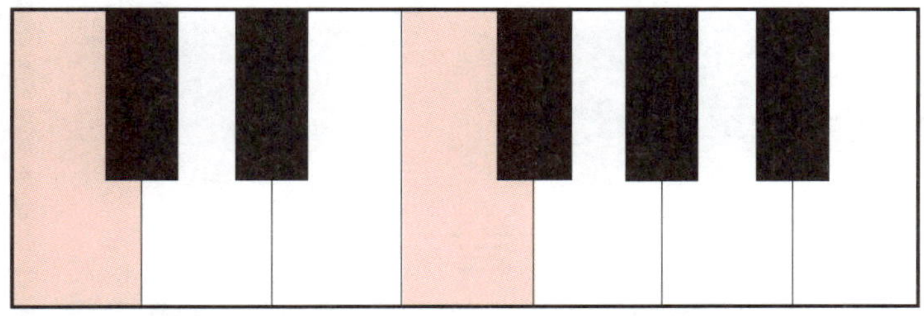

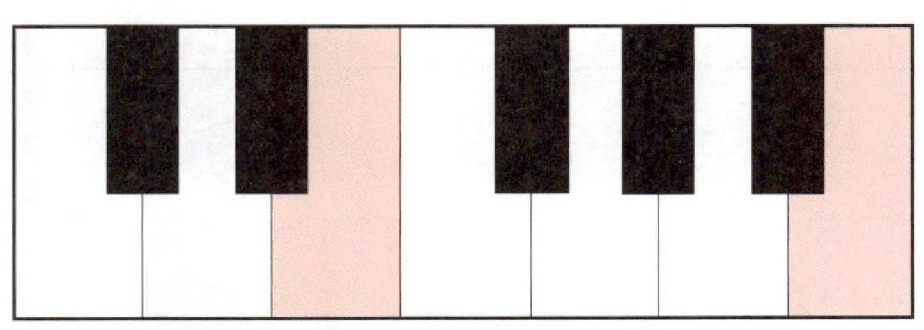

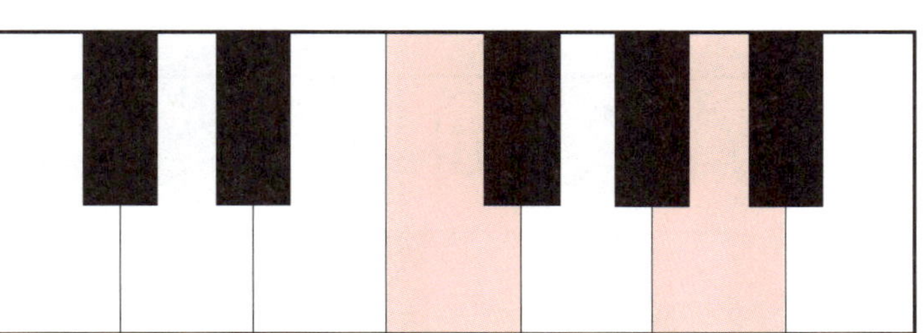

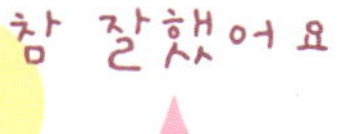

건반에 맞는 계이름끼리 줄로 이어 보세요.

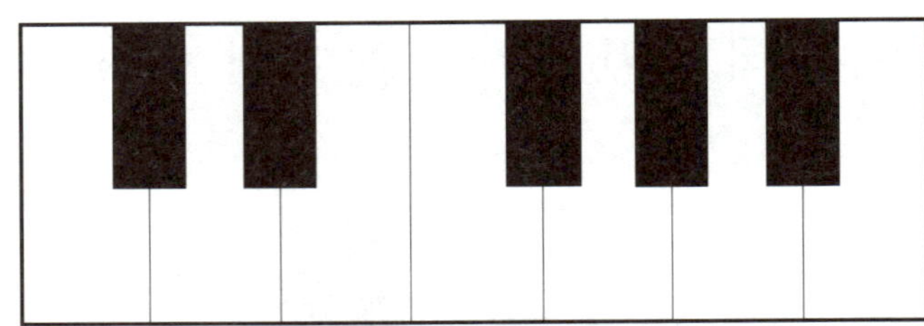

레 도 미 시 라

미 솔 파 시 라

레 미 라 솔 시

미 레 라 시 솔

계이름에 맞는 건반에 피자 스티커를 붙여 보세요.

시

솔

파

라

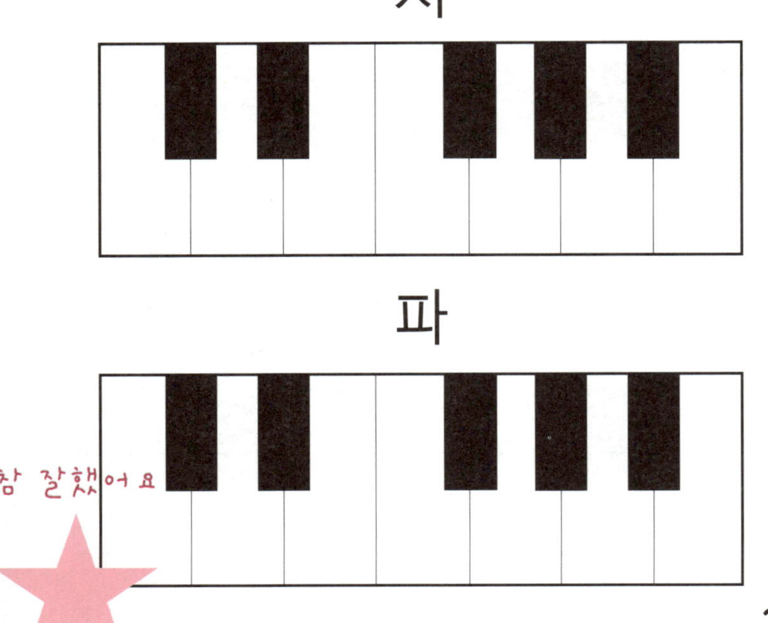

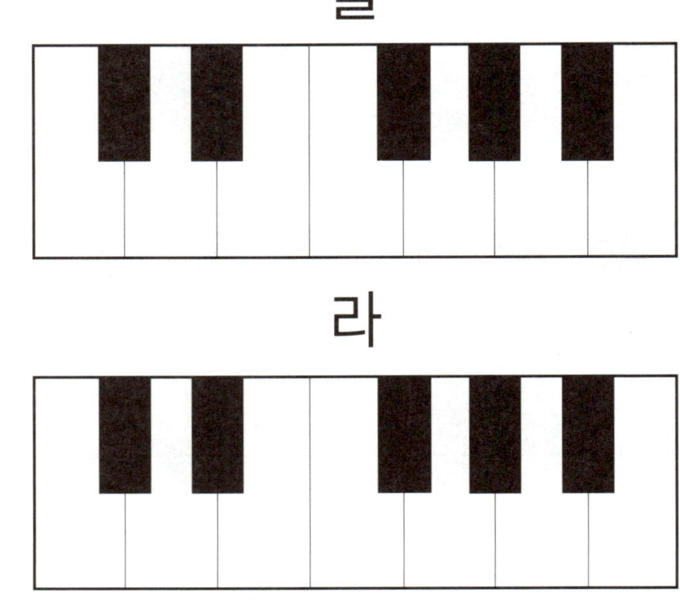

년 월 일

색칠된 건반 밑에 맞는 계이름을 써 보세요.

참 잘했어요

년 월 일

안에 음높이에 맞는 계이름 스티커를 붙여 보세요.

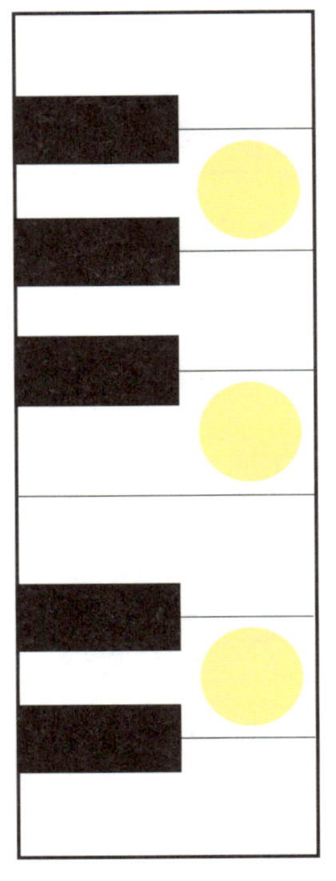
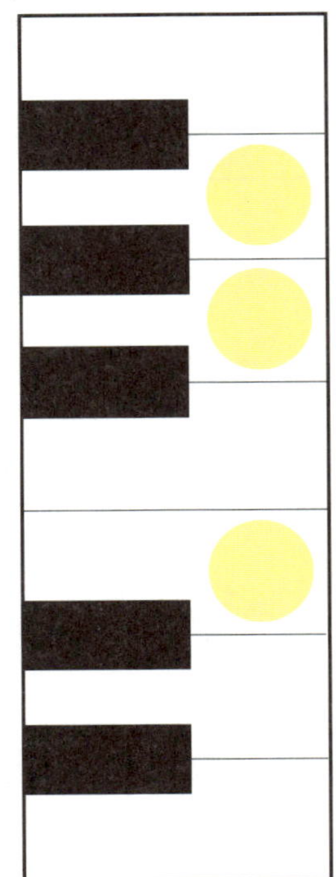
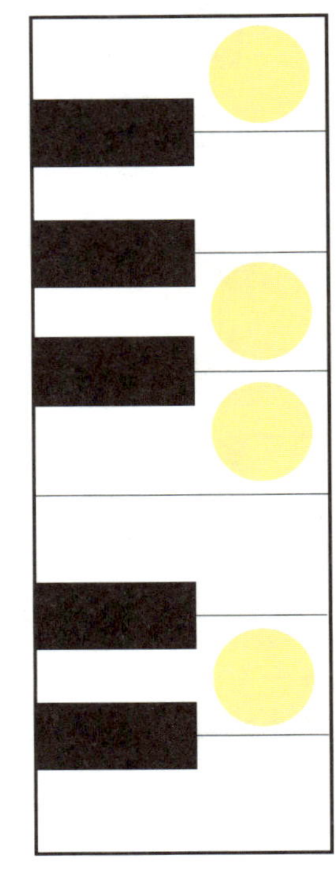
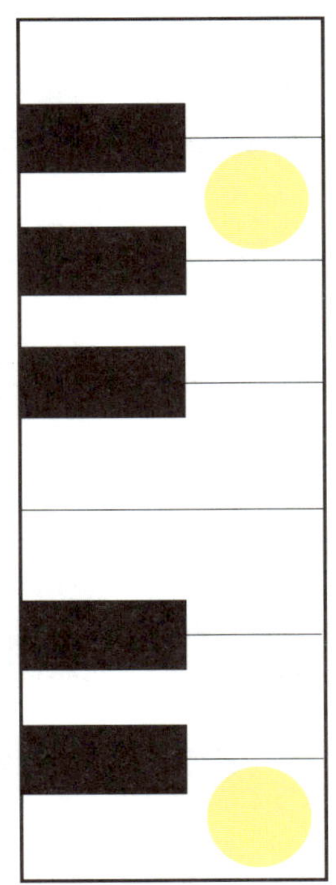

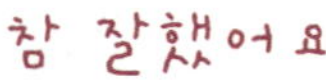

준비물 : 칼, 책받침, 풀

건반 뚜껑 열기

종이의 뒷면에 책받침을 대고 점선을 칼로 오린 후 뒷면의 가장자리에 풀을 칠해 두 페이지를 붙여 보세요.

참 잘했어요

풀칠하는 곳

시

라

솔

파

미

레

도

년 월 일

얼마나 이해했나요? 점수

1. 색칠된 건반 밑의 계이름이 잘못된 것에 ×표 하세요.

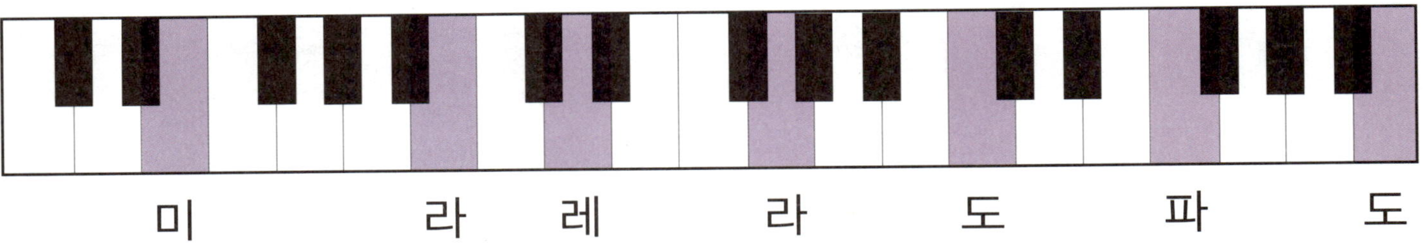

미 라 레 라 도 파 도

2. 음표에 맞는 길이끼리 줄로 이어 보세요.

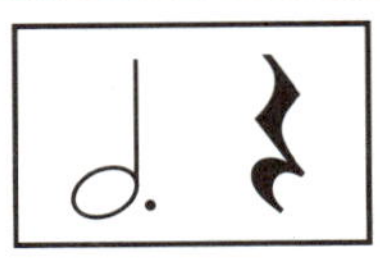

3. 빈칸에 맞는 계이름을 써 보세요.

4. 가장 높은 음을 소리내는 건반에 ○표 하세요.

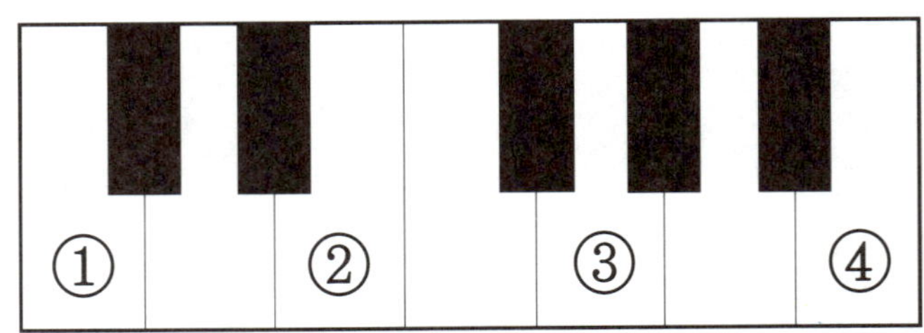

5. 𝄽 와 같은 길이를 지니는 음표에 ○표 하세요.

① ♩ ② 𝅗𝅥 ③ 𝅗𝅥.

6. 계이름에 맞는 건반에 가발 스티커를 붙여 보세요.
시
파
라
7. 다음 중 가장 짧게 소리내는 음표에 ○표 하세요.
① ② ③
8. 다음 중 가장 길게 소리내는 음표에 ○표 하세요.
① ② ③
9. '라' 의 건반을 모두 색칠하세요.
10. '시' 의 건반을 모두 색칠하세요.

년 월 일

점2분음표

점2분음표

점2분음표는 세 박 동안 소리냅니다.

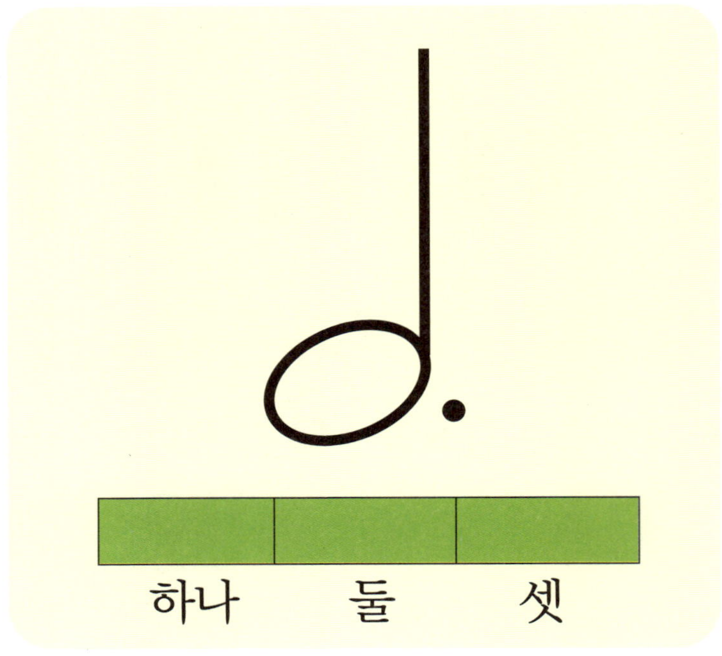

점선을 따라 그린 후 세 개의 네모칸에 색칠하세요.

음표	따라 쓰기	네모칸
𝅗𝅥.	점2분음표	
𝅗𝅥.	점2분음표	
𝅗𝅥.	점2분음표	

점2분음표 그리는 순서

① 머리를 그립니다.

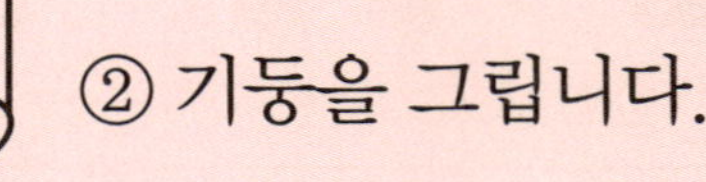

② 기둥을 그립니다.

③ 점을 그립니다.

기억력 테스트

점2분음표 주위에 있는 동물의 위치를 잘 기억해 두세요.

참 잘했어요

년 월 일

점2분음표 주위에 있는 네 마리 동물의 위치를 잘 기억해 낸 후 맞는 자리에 동물 스티커를 붙여 보세요.

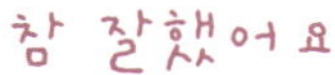

음표, 쉼표 퍼즐

아래의 음표, 쉼표 그림을 참고로 퍼즐을 완성하세요.

똑같아요

아래의 점선을 가위로 오려 만들어진, 음표 카드들을
'똑같아요' 노래의 음길이에 맞도록 빈 칸에 풀로 붙여 보세요.

준비물 : 가위, 풀

년 월 일

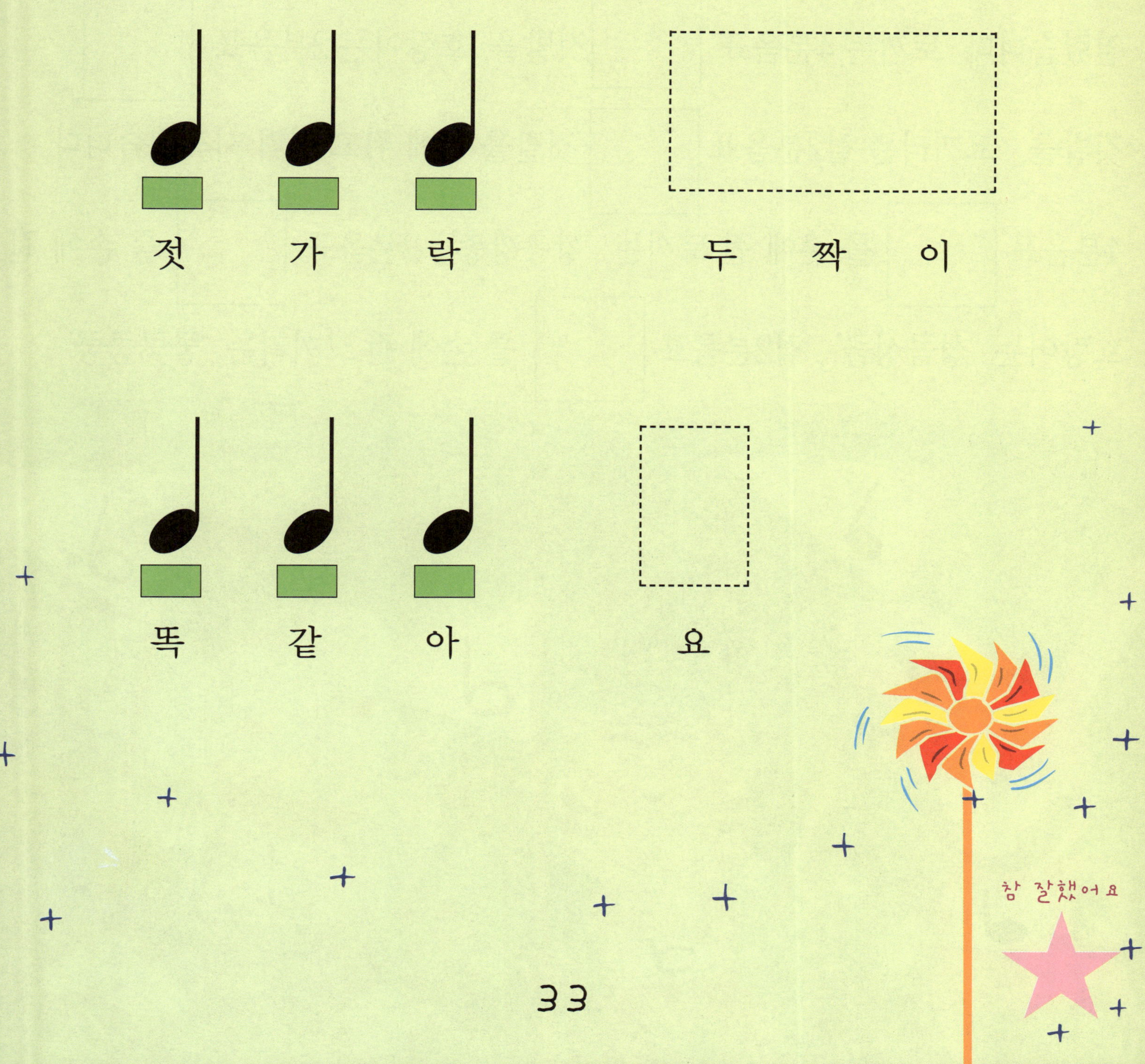

동물들의 달리기 시합

동화 속에서 음표와 쉼표의 이름이 나올 때마다 네모칸에 알맞은 음표와 쉼표를 그려 넣으세요.

동물들이 모여 사는 어느 숲속 마을에서 어느날 동물들의 달리기 시합이 열렸습니다. 토끼는 4분음표 ☐ 깃발을, 호랑이는 2분음표 ☐ 깃발을, 코끼리는 점2분음표 ☐ 깃발을 손에 쥐고 뛰기 시작했습니다. 4분음표 ☐ 를 손에 쥔 토끼는 '깡총깡총', 2분음표 ☐ 를 손에 쥔 호랑이는 '성큼성큼', 점2분음표 ☐ 를 손에 쥔 코끼리는 '쿵쿵쿵쿵' 뛰었습니다.

얼마 후 목적 지점이 보이기 시작했습니다. 4분음표 ☐ 를 손에 쥐고 '깡총깡총' 뛰던 토끼가 1등으로 들어와서는 큰 소리로 만세를 외쳤습니다. 조금 후에 2분음표 ☐ 를 손에 쥐고 '성큼성큼' 뛰던 호랑이가 2등으로 들어왔습니다. 한참 후에 점2분음표 ☐ 를 손에 쥐고 '쿵쿵쿵쿵' 느릿느릿 뛰던 코끼리가 땀을 뻘뻘 흘리며 들어왔습니다.

꼴등을 한 코끼리는 1등을 한 토끼에게 "축하해. 토끼야! 하지만 다음엔 꼭 내가 1등을 할 테니 두고 보렴!" 하고는 4분쉼표 ☐ 가 그려진 바위에 누워 '드르렁 드르렁' 낮잠을 잤습니다.

참 잘했어요

년 월 일

얼마나 이해했나요? 점수

1. 아래의 건반 그림을 참고로 동물에 맞는 계이름끼리 줄로 이어 보세요.

2. 점2분음표를 그려 보세요.

3. 점2분음표의 길이만큼 네모칸에 색칠하세요.

4. 빈칸에 맞는 계이름을 써 보세요.

5. 4분쉼표를 그려 보세요.

6. 색칠된 건반 밑에 계이름을 써 보세요.

7.  의 길이를 바르게 나타낸 것에 ○표 하세요.

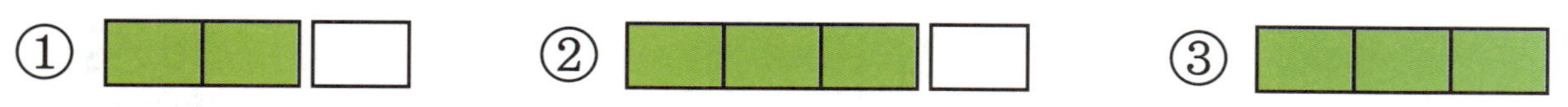

① ② ③

8. 빈칸에 맞는 계이름을 써 보세요.

9. 건반에 맞는 계이름끼리 줄로 이으세요.

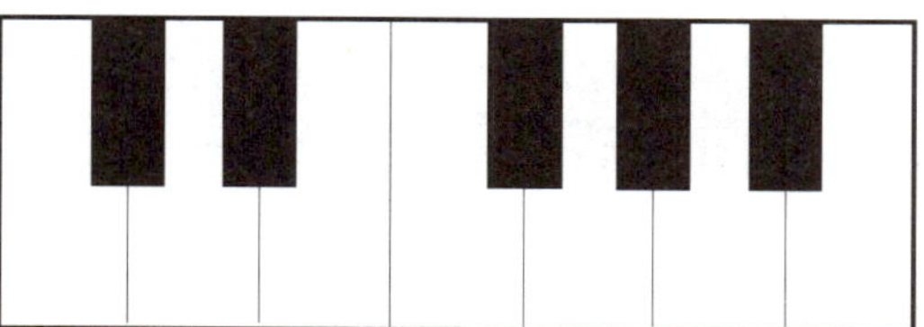

파 도 미 시 라

10. 건반 위에 맞는 계이름을 아래의 빈칸에 써 보세요.

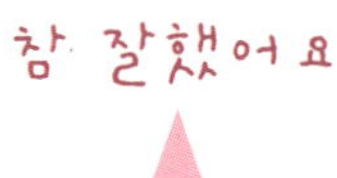

년 월 일

세 개의 도

세 개의 도

피아노 건반에는 세 개의 '도' 의 자리가 있습니다.

낮은 도, 가운데 도, 높은 도 건반에 색칠한 후 점선을 따라 써 보세요.

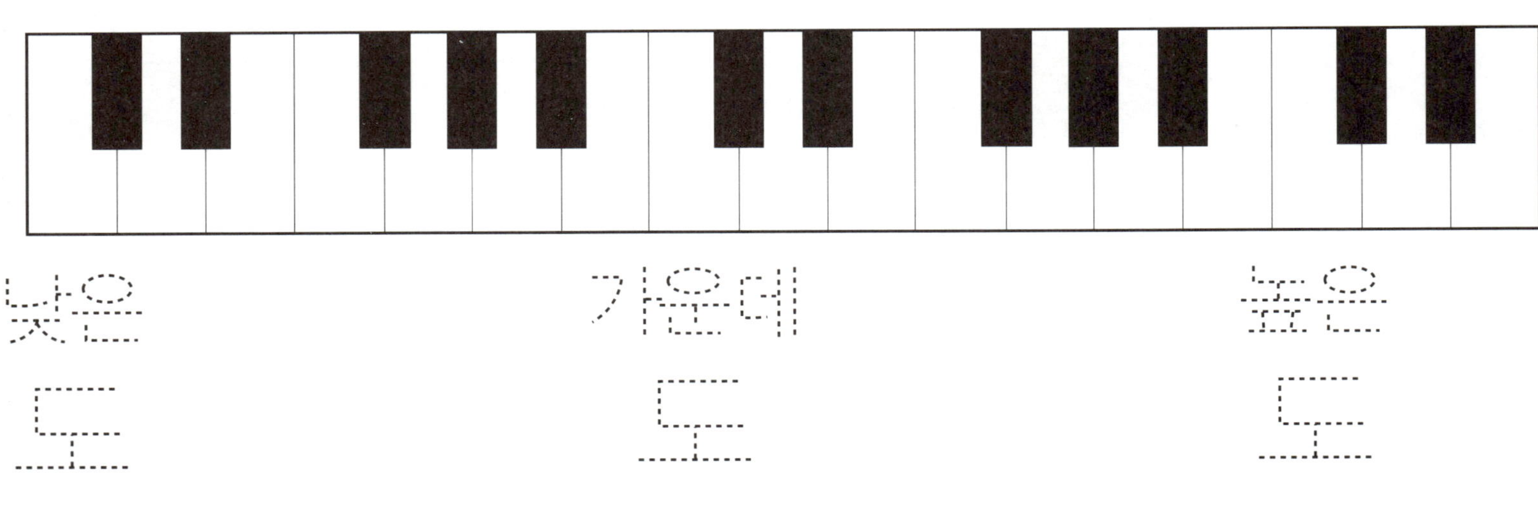

참 잘했어요

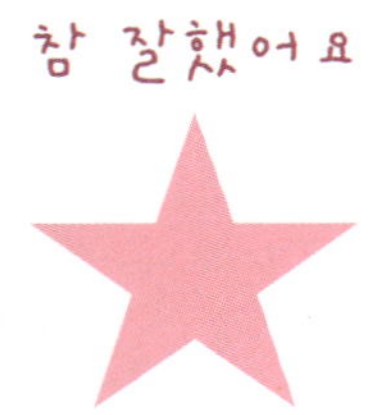

세 개의 '도'의 자리 중 높은 '도'를 '가슴 도', 가운데 '도'를 '배꼽 도', 낮은 '도'를 '무릎 도'라고 부르기도 합니다. 점선을 따라 써 보세요.

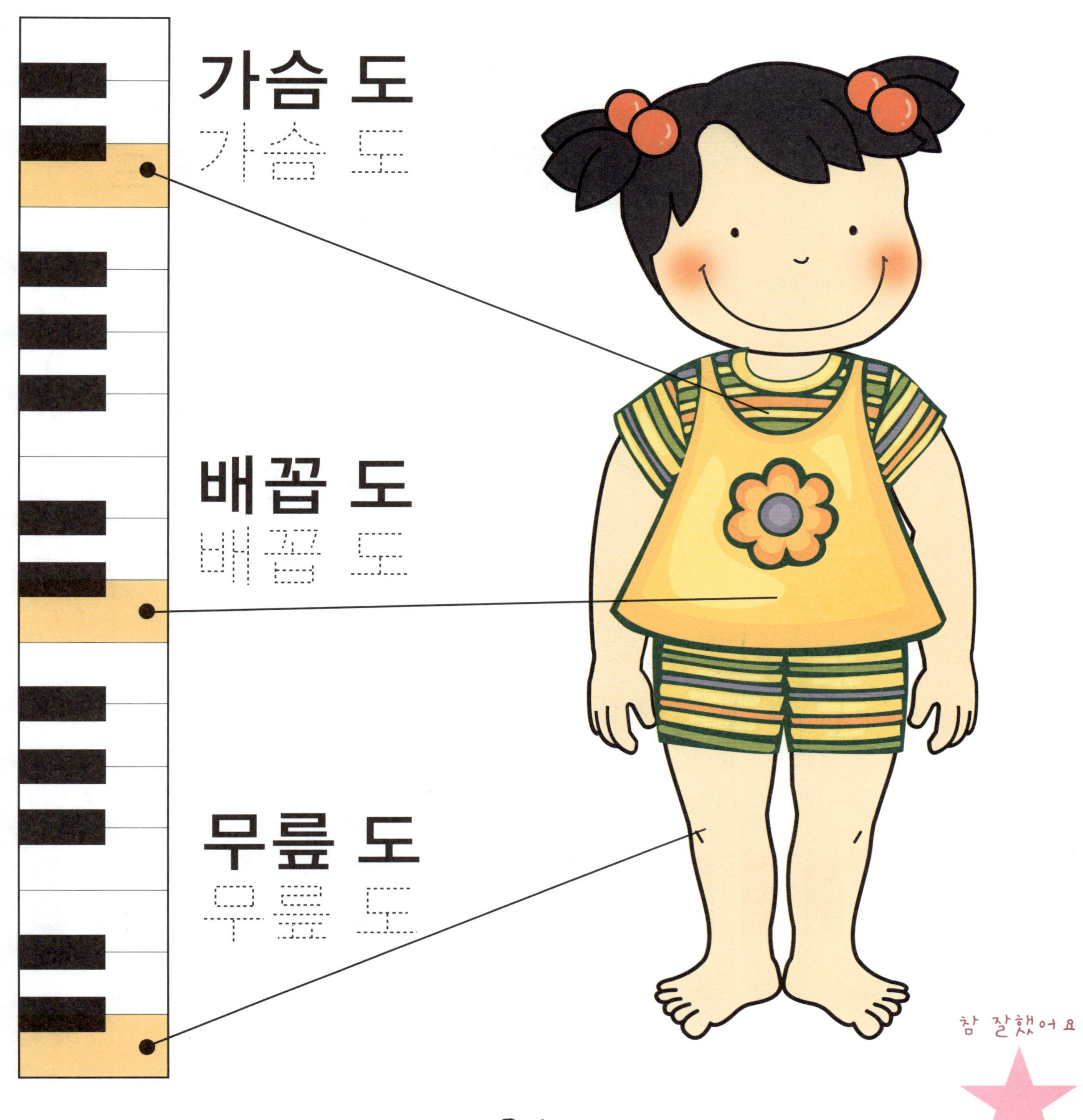

참 잘했어요

년 월 일

높은 도 · 가운데 도 · 낮은 도

풍선줄을 따라간 후 계이름에 맞는 건반에 연결하세요.

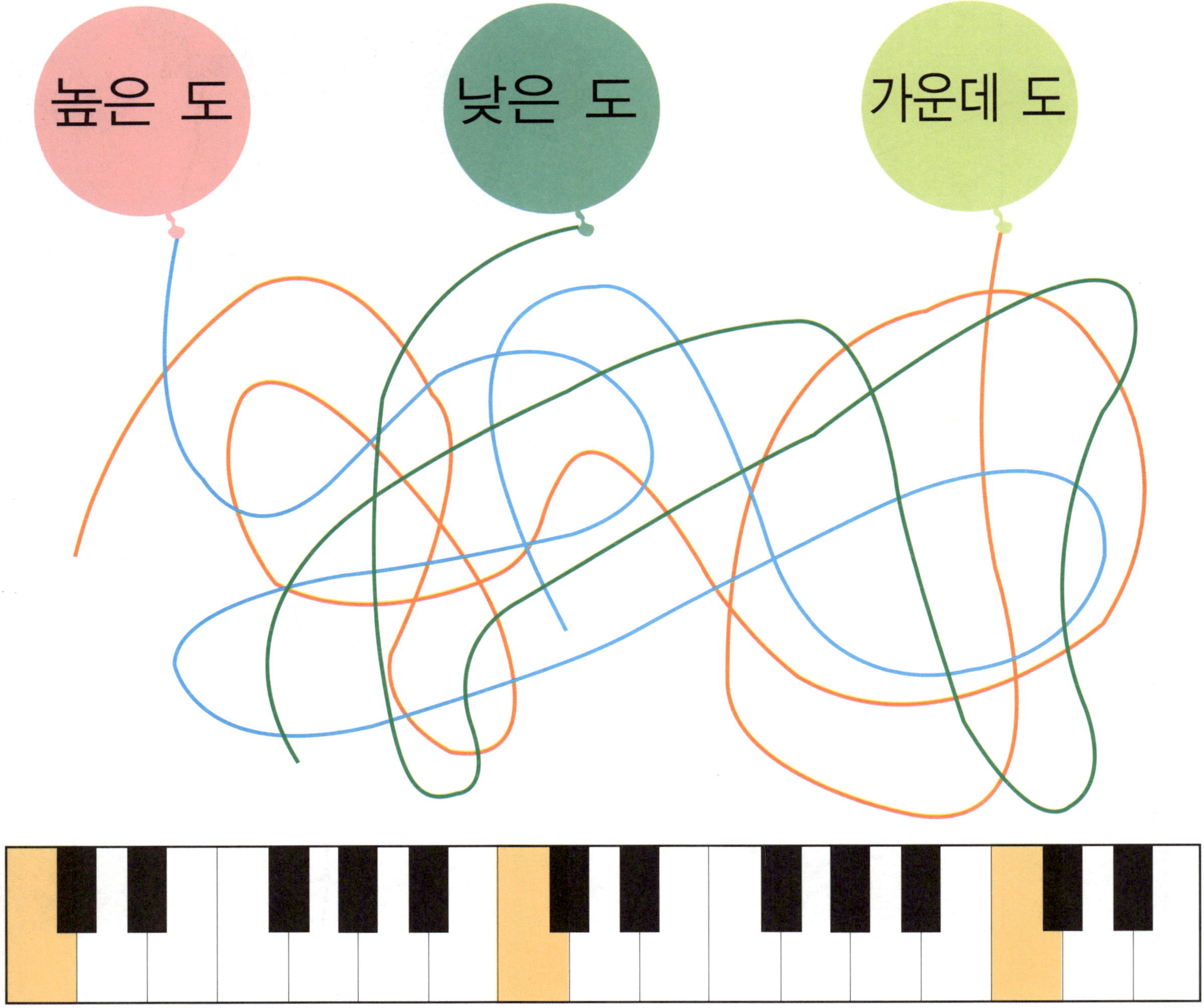

높은 도

낮은 도

가운데 도

번호가 그려진 건반의 계이름을 써 보세요.

참 잘했어요

년 월 일

얼마나 이해했나요? 점수 

맨 아래에 있는 점수란을 이용하여 1번부터 10번까지의 설명이 옳으면 ○표, 옳지 않으면 × 표 하세요.

1. 시계는 왼손에 차고 있습니다.

2. 벌레는 오른손 3번 손가락에 붙어 있습니다.

3. 𝅗𝅥. 의 이름은 점3분음표입니다.

4. 4분쉼표는 𝄽 모양입니다.

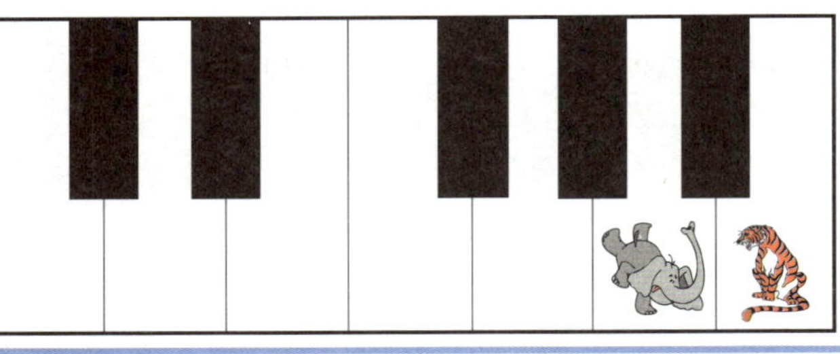

5. 호랑이는 '시' 의 자리에 앉아 있습니다.

6. 코끼리는 '솔' 의 자리에 앉아 있습니다.

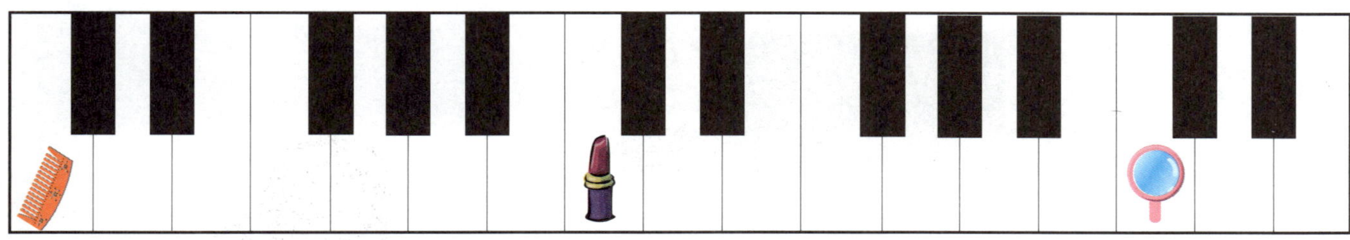

7. 가운데 '도' 에 있는 물건은 립스틱입니다.

8. 낮은 '도' 자리에 있는 물건은 거울입니다.

9. 거울이 있는 자리는 높은 '도' 입니다.

10. 가운데 '도' 는 '배꼽 도' 라고 부르기도 합니다.

년 월 일

2분쉼표

2분쉼표

2분음표가 두 박 동안 소리난다면 2분쉼표는 두 박 동안 쉬어줍니다.

아래의 점선을 따라 그린 후 길이에 맞는 스티커를 붙여 보세요.

	2분쉼표	
	2분쉼표	
	2분쉼표	

★ ▬· 점2분쉼표는 세 박을 쉬어 주는 쉼표이나 실제상 거의 사용하지 않으므로 생략합니다.

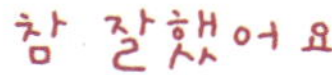

2분쉼표 따라 그리기

점선을 따라 2분쉼표를 똑같이 완성한 후 검은색으로 색칠하세요.

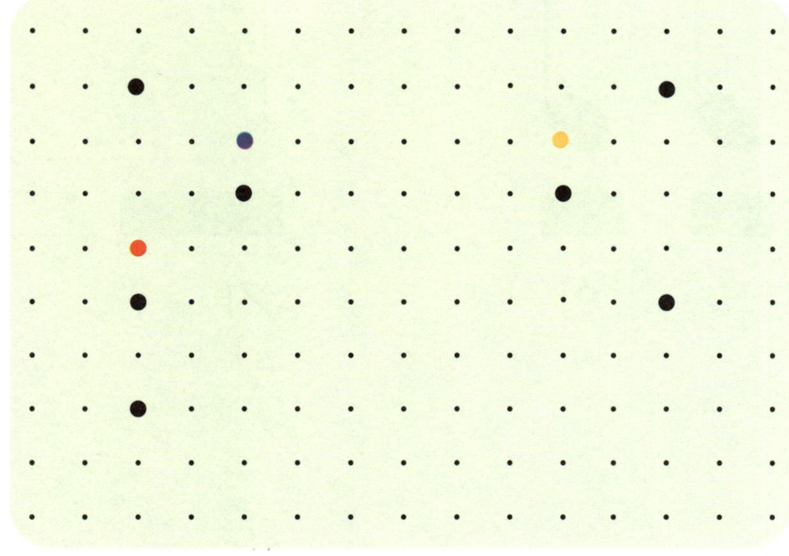

참 잘했어요

년 월 일

학교종

오른쪽 페이지의 점선을 가위로 오려 만들어진, 음표 카드들을 '학교종' 노래의 음길이에 맞도록 빈칸에 풀로 붙여 보세요.

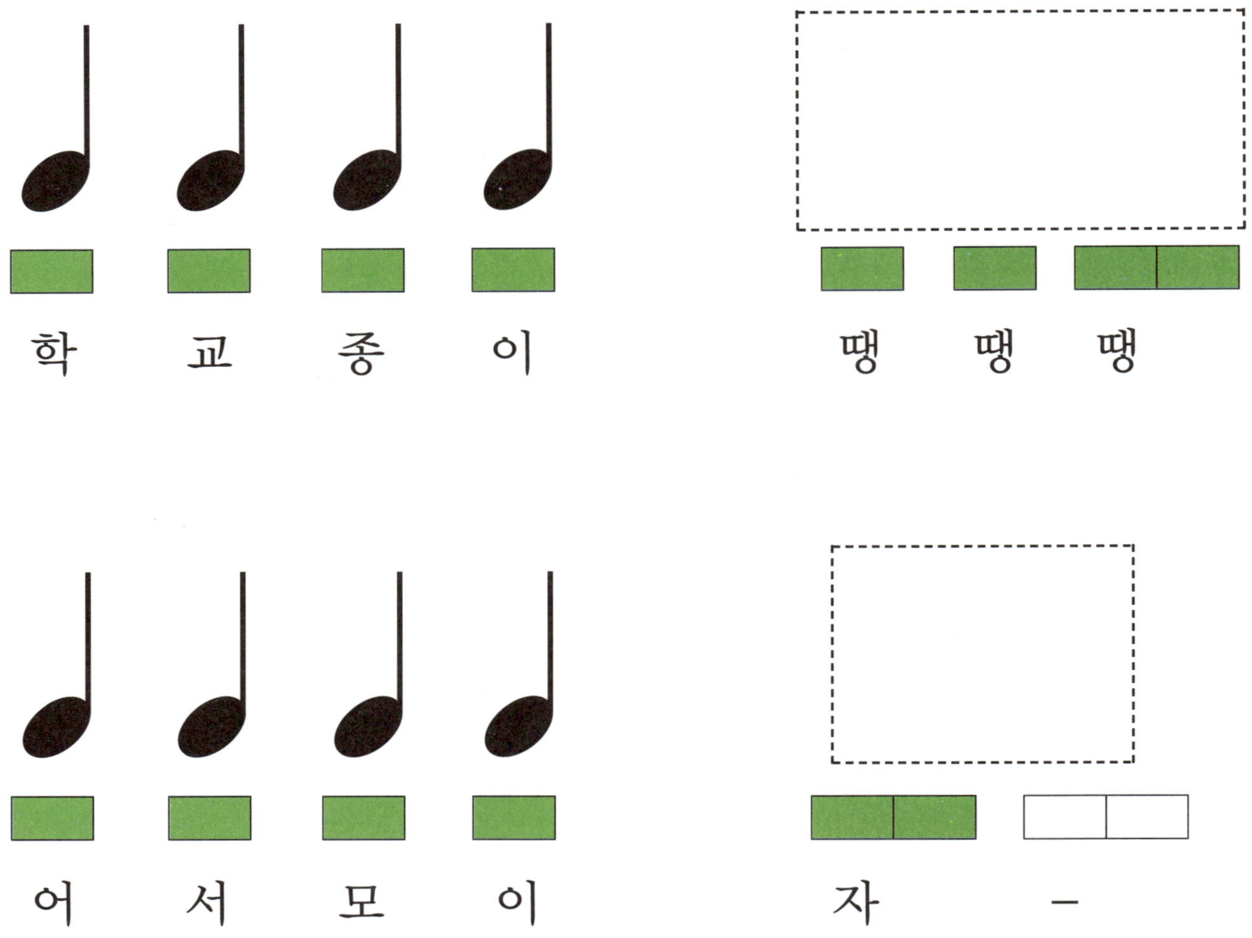

학 교 종 이 땡 땡 땡

어 서 모 이 자 –

참 잘했어요

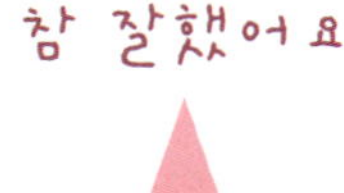

준비물 : 가위, 풀

선 생 님 이

우 리 를

기 다 리 신

다 –

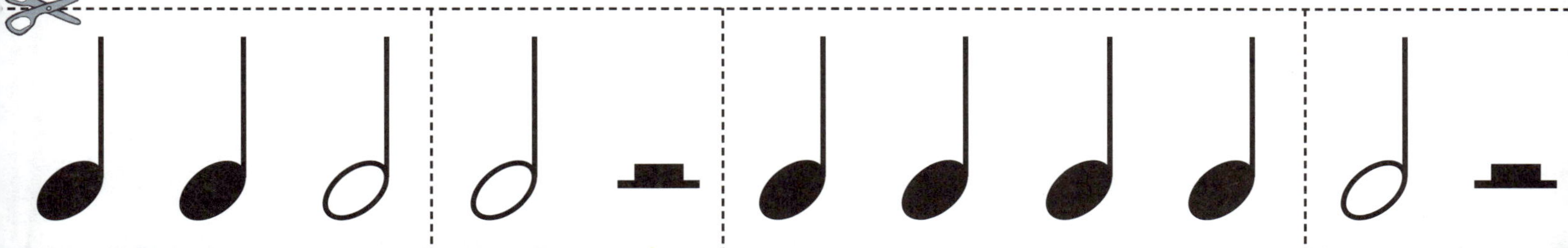

년 월 일

미로찾기

2분쉼표를 따라가 보세요.

출발

참 잘했어요

준비물 : 색연필

년 월 일

색칠하기

사탕과 과자로 만들어진 집을 예쁘게 색칠해 보세요.

참 잘했어요

년 월 일

얼마나 이해했나요?

점수 

1. 점2분음표를 그려 보세요.

2. 점2분음표는 몇 박 동안 소리내야 할까요?

① 1박 ② 2박 ③ 3박

3. 주어진 음표와 같은 길이의 쉼표를 줄로 이어 보세요.

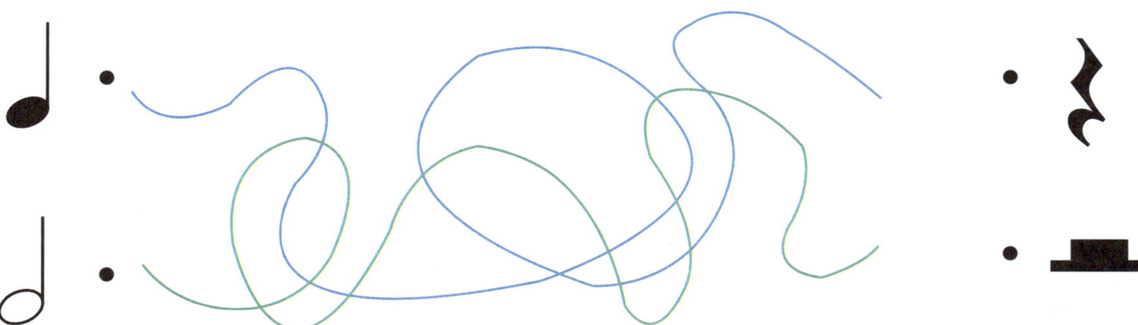

4. 색칠된 건반과 맞는 이름끼리 줄로 이어 보세요.

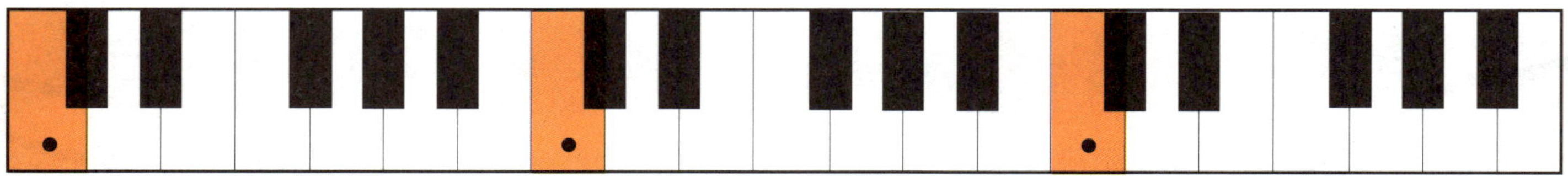

가운데 도 낮은 도 높은 도

5. ▬ 쉼표의 이름으로 맞는 것에 ○표 하세요.

① 4분쉼표 ② 2분쉼표

6. ▬ 쉼표는 몇 박 동안 쉬어야 할까요?

① 1박 ② 2박

7. 색칠한 건반 밑에 계이름을 써 보세요.

8. 더 짧게 쉬어 주는 쉼표에 ○표 하세요.

① 𝄽 ② ▬

9. ▬ 쉼표의 길이만큼 네모칸에 색칠하세요.

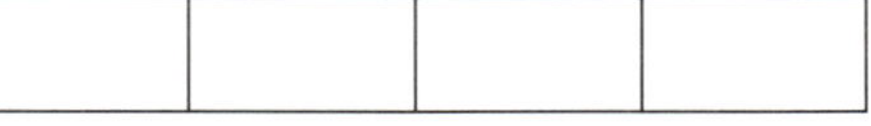

10. 주어진 음길이에 맞는 음표에 ○표 하세요.

① ② 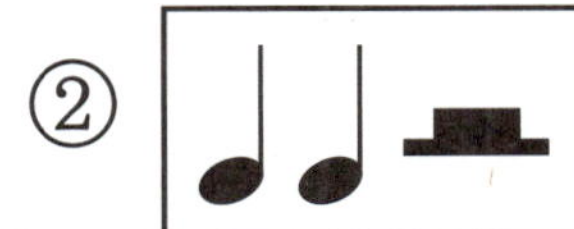 ③

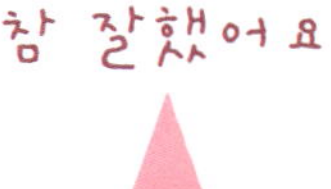

참 잘했어요

년 월 일

온음표와 온쉼표

온음표

온음표는 네 박 동안 소리냅니다.

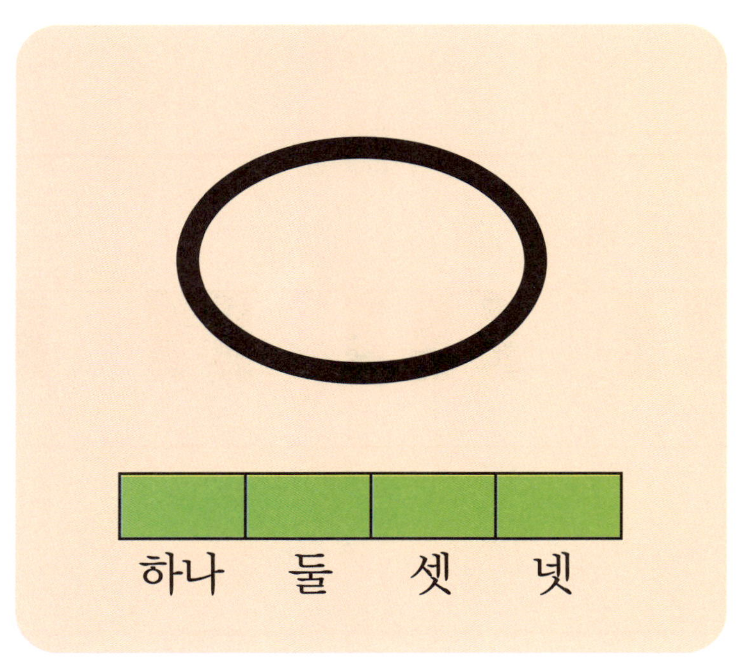

점선을 따라 그린 후 네 개의 네모칸에 색칠하세요.

	온 음 표	
	온 음 표	
	온 음 표	

참 잘했어요

년 월 일

온쉼표

온쉼표는 네 박 동안 쉬어줍니다.

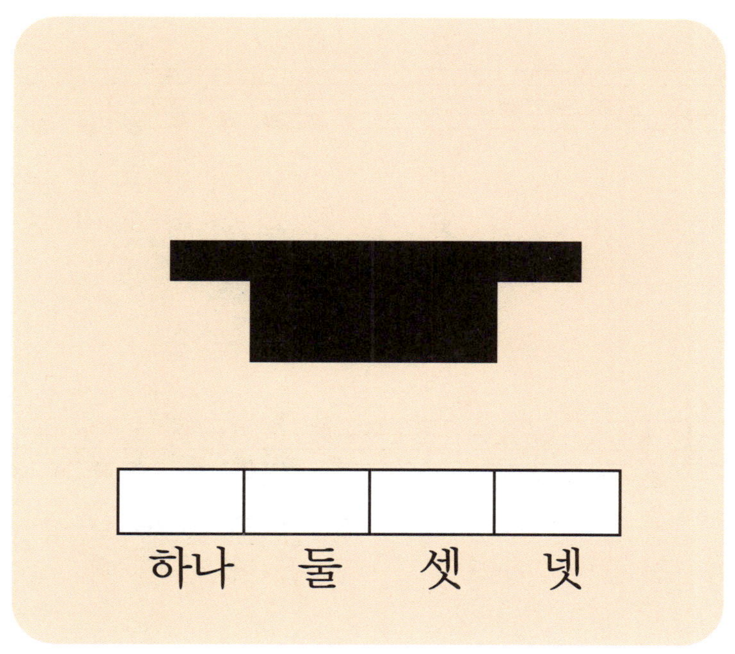

점선을 따라 그린 후 네 개의 네모칸에 스티커를 붙여 보세요.

	온쉼표	
	온쉼표	
	온쉼표	

년 월 일

음표와 쉼표 노래부르기

외국 곡
남주희 작사

낱말 만들기

가로, 세로, 대각선을 이어 만든 낱말과 맞는 모양끼리 줄로 이어 보세요.

4	2	온	음	표
음	분	표	4	온
2	분	음	표	쉼
쉼	2	점	표	표
4	분	쉼	표	음

참 잘했어요

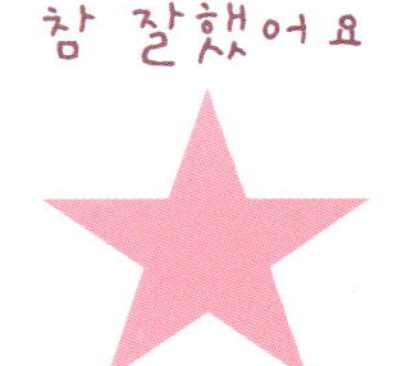

년 월 일

종이접기

아래의 점선을 가위로 오려 만들어진, 음표 카드들을 '종이접기' 노래의 음길이에 맞도록 빈칸에 풀로 붙여 보세요.

준비물 : 가위, 풀

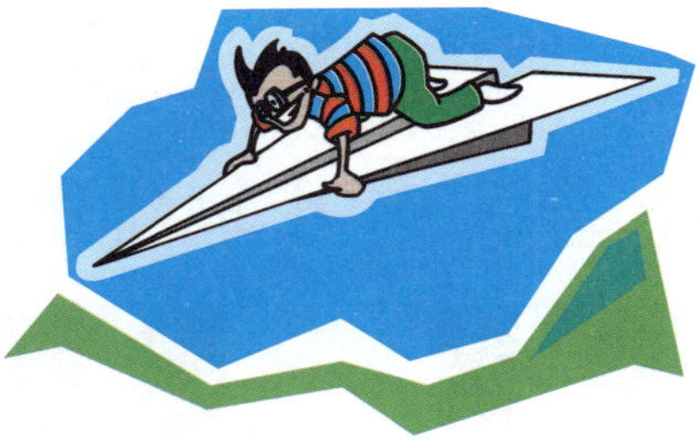

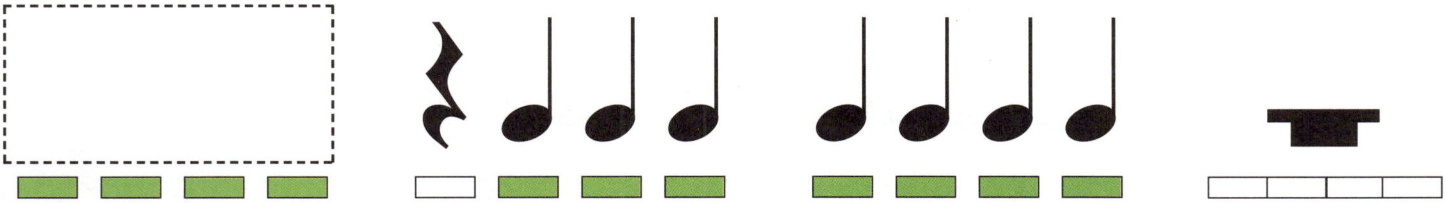

알 록 달 록 오 색 실 꼬 리 달 아

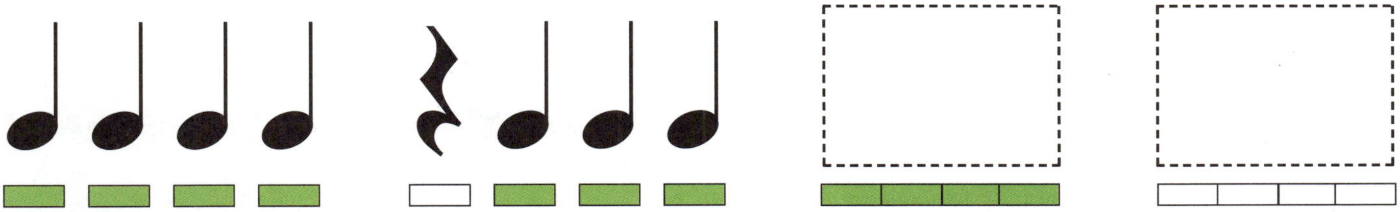

비 행 기 를 만 - 들 자

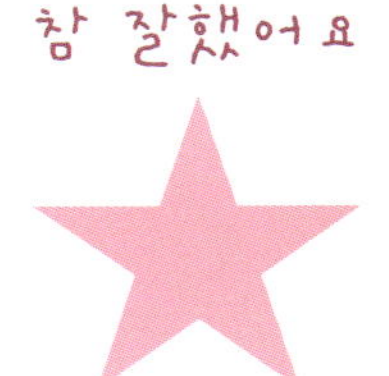

년 월 일

얼마나 이해했나요? 점수

1. 건반의 계이름과 맞는 모양끼리 줄로 이어 보세요.

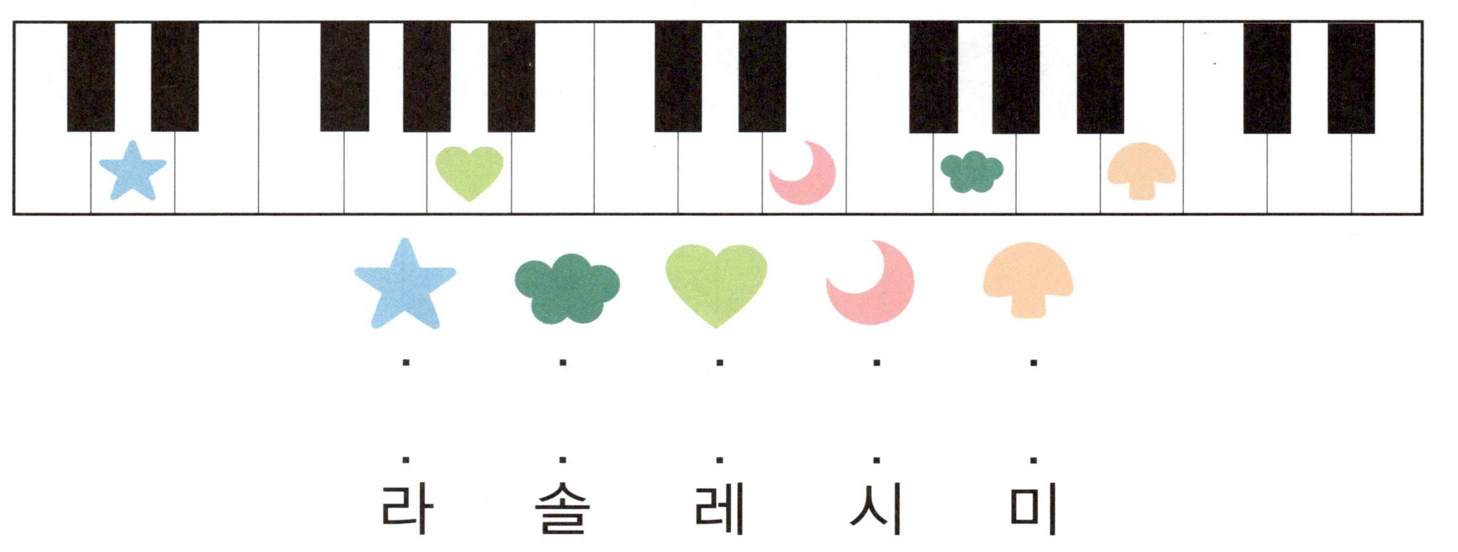

라 솔 레 시 미

2. 온음표를 그려 보세요.

3. 온쉼표를 그려 보세요.

4. ▬ 쉼표의 길이를 바르게 나타낸 것에 ○표 하세요.

① □ ② □□ ③ □□□ ④ □□□□

5. 가장 길게 소리내는 음표에 ○표 하세요.

① ♩ ② 𝅗𝅥 ③ 𝅗𝅥. ④ 𝅝

6. 세 개의 도의 자리에 주어진 스티커를 붙여 보세요.

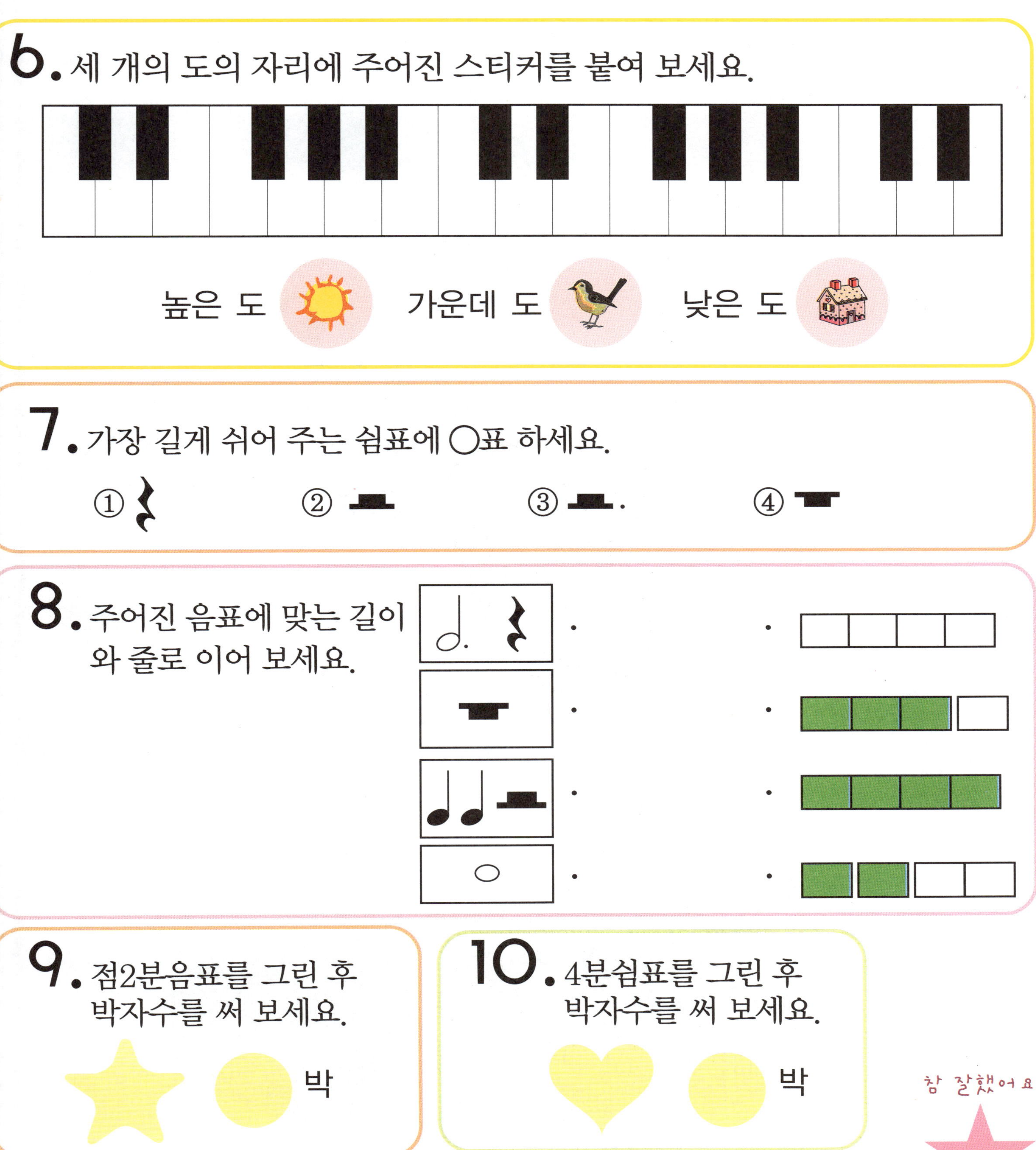

7. 가장 길게 쉬어 주는 쉼표에 ○표 하세요.

① ② ③ ④

8. 주어진 음표에 맞는 길이와 줄로 이어 보세요.

9. 점2분음표를 그린 후 박자수를 써 보세요.

박

10. 4분쉼표를 그린 후 박자수를 써 보세요.

박

참 잘했어요

년 월 일

숫자 잇기

선생님과 함께 1~46까지 이어 보세요.

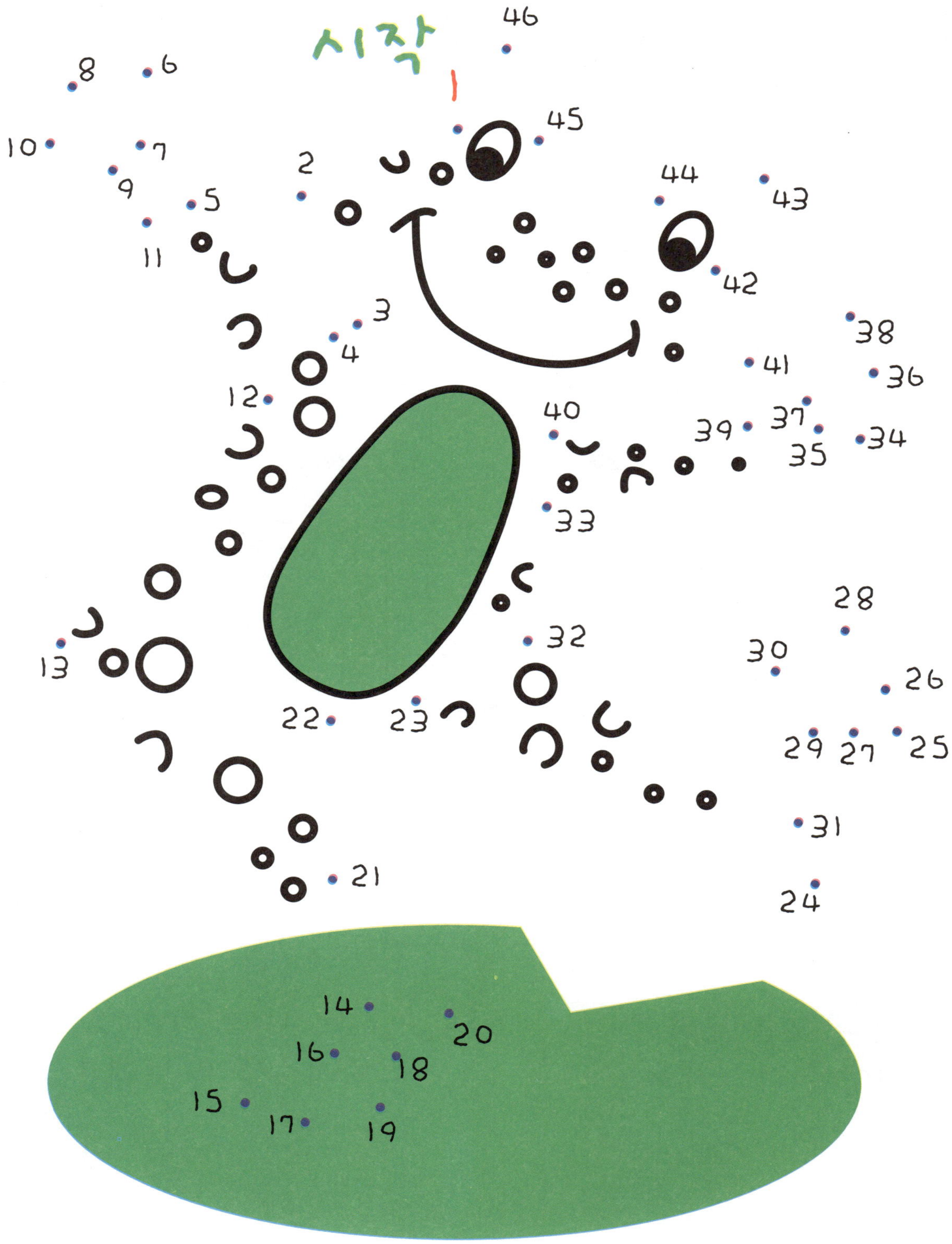

시작

46 8 6 1 45 10 7 2 44 43 9 5 11 42 3 38 4 41 36 12 40 37 39 34 35 33 28 32 30 13 26 22 23 29 27 25 31 21 24 14 20 16 18 15 17 19

참 잘했어요

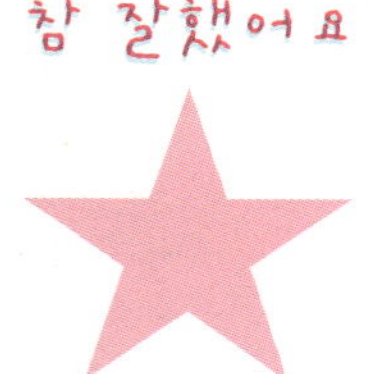

년 월 일

나는 누구일까요?

옆의 점선을 오려 맞는 부분에 붙여 보세요.

풀칠하는 곳

나는
한 박 동안
소리냅니다.

풀칠하는 곳

나는
세 박 동안
소리냅니다.

풀칠하는 곳

나는
한 박 동안
쉬어줍니다.

풀칠하는 곳

나는
네 박 동안
쉬어줍니다.

풀칠하는 곳

나는
세 박 동안
쉬어줍니다.

풀칠하는 곳

나는
네 박 동안
소리냅니다.

풀칠하는 곳

나는
두 박 동안
소리냅니다.

풀칠하는 곳

나는
두 박 동안
쉬어줍니다.

참 잘했어요

준비물 : 가위, 풀

년 월 일

주사위 게임

책 뒤페이지 주사위를 오려 붙인 후
아래의 규칙을 참고로 10회 던져 점수를 내 보세요.
친구 또는 선생님과 시합도 해 보세요.

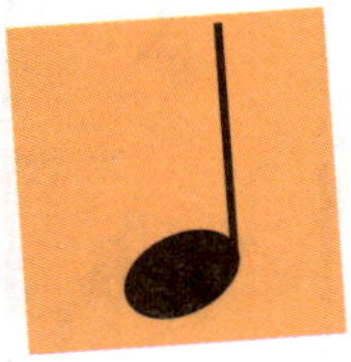

♩ 1점 더하기

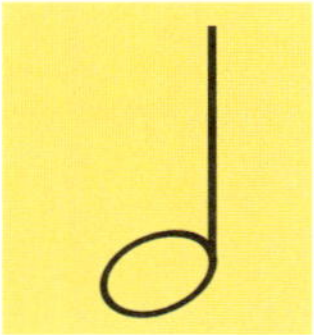

𝅗𝅥 2점 더하기

𝄽 1점 빼기

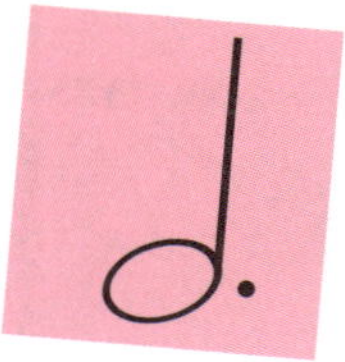

𝅗𝅥. 3점 더하기

2분쉼표 2점 빼기

★ 보너스 10점 더하기

1차	2차	3차	4차	5차

6차	7차	8차	9차	10차

참 잘했어요

년 월 일

가로 · 세로 ○× 게임

가로 · 세로가 만나는 네모칸에 음표 · 쉼표의 모양과 이름이 맞으면 ○, 틀리면 ×표 하세요.

	♩	𝅗𝅥	𝅝	𝄼	𝅗𝅥.	𝄻	𝄽
4분음표	○						
2분쉼표		×					
온음표							
온쉼표							
점2분음표							
온쉼표							
4분쉼표							

참 잘했어요

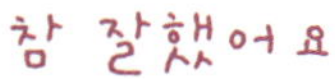

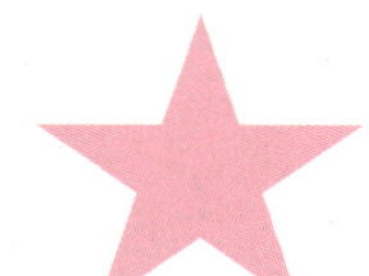

정 답

16~17쪽
얼마나 이해했나요?

1. 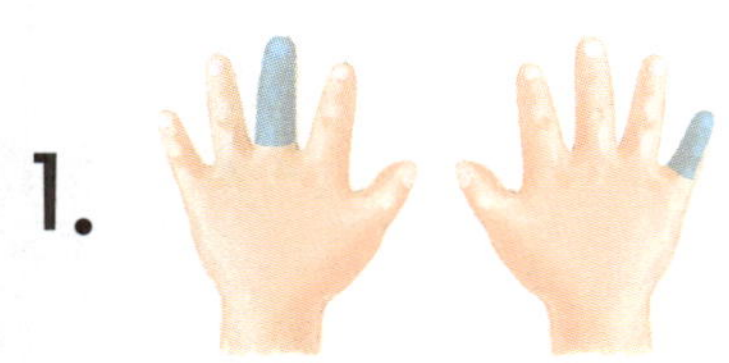

2. 

3. ②

4. 

5. 

6. 

7. 

8. 

9.

10. 

26~27쪽
얼마나 이해했나요?

1. 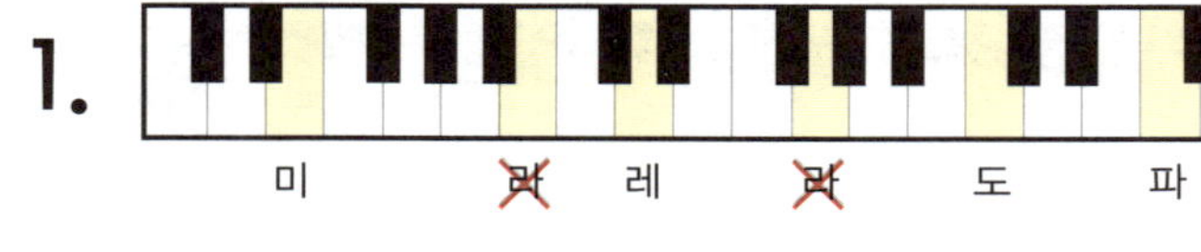

2. 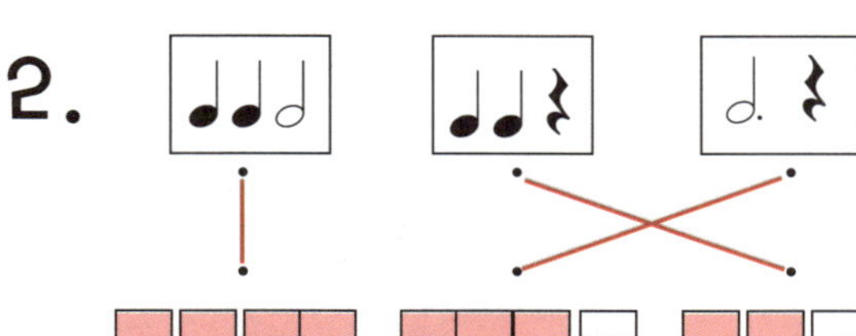

3. 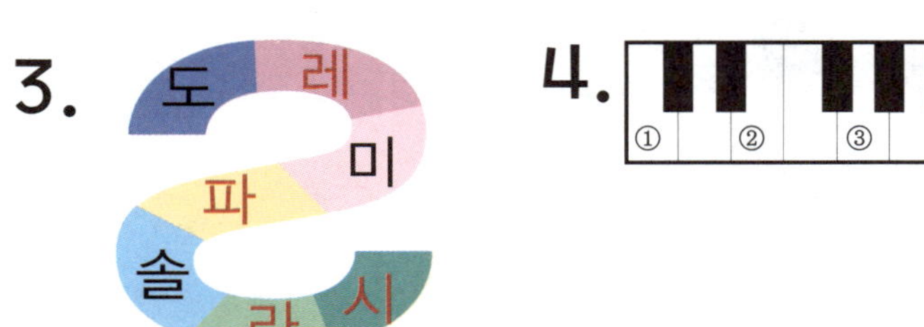

5. 

6. 

7. 

8. ③

9. 

10. 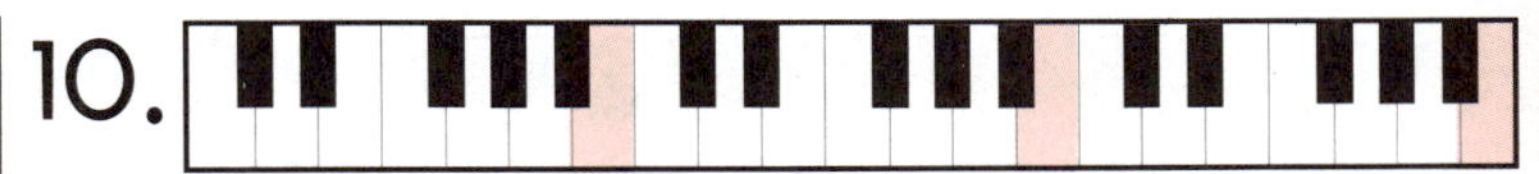

36~37쪽
얼마나 이해했나요?

1.

레 미 솔 파 시 라 도

2.

3.

4. 도 레 미 파 솔 라 시

5.

6.

도 솔 시 파 미 라

7. ②

8. 시 라 솔 파 미 레 도

9.

파 도 미 시 라

10.

미	라	파	도	레	시	솔

42~43쪽
얼마나 이해했나요?

1. ○
2. ×
3. ×
4. ○
5. ○
6. ×
7. ○
8. ×
9. ○
10. ○

50~51쪽
얼마나 이해했나요?

1. 𝅗𝅥.

2. ③

3. 𝅘𝅥 · 𝄽 / 𝅗𝅥 · 𝄼

4. 가운데 도 낮은 도 높은 도

5. ②

6. ②

7. 미 시 솔 레 라

8. ①

9.

10. ②

58~59쪽
얼마나 이해했나요?

1. 라 솔 레 시 미

2. 𝅝

3. 𝄼

4. ④

5. ④

6.

7. ④

8.

9. 𝅗𝅥. 세 박

10. 𝄽 한 박

징검다리 이론테스트

1. 4분음표 (2)개　　4분쉼표 (3)개
점2분음표 (2)개　　2분쉼표 (1)개
온 음 표 (1)개

2. 도 시 라 솔 파 미 레 도 시 라 솔 파 미 레 도

3.

4.

5.

미	시	솔	도	라	파	레
이	론	공	부	재	밌	다

6.

7.

8. ②

9. ③

10. ③

11. 미 라 파 시 레

12. ①

13.

14.

15.

16.

17. ②

18. ①

19. 시 라 솔 파 미 레 도

20. 나비야(나비야 노래)
무엇이(똑같아요 노래)
반짝반짝(작은별 노래)

쑥쑥 자라나는 음악 실력!!

과 정	페이지	참 잘했어요	잘했어요	좀더 노력하세요	부모님 확인
라	4				
라의 자리	5~6				
시	7				
시의 자리	8~9				
라 · 시의 자리	10~12				
계이름 스티커 붙이기	13				
상점꾸미기	14~15				
도레미파솔라시	18				
도레미파솔라시의 자리	19~22				
건반 뚜껑 열기	23~25				
점2분음표	28				
기억력 테스트	29~30				
음표, 쉼표 퍼즐	31				
똑같아요	32~33				
동물들의 달리기 시합	34~35				
세 개의 도	38				
가슴 도, 배꼽 도, 무릎 도	39				
높은 도, 가운데 도, 낮은 도	40~41				
2분쉼표	44				
2분쉼표 따라그리기	45				
학교종	46~47				
미로찾기	48				
색칠하기	49				
온음표	52				
온쉼표	53				
음표와 쉼표 노래 부르기	54				
낱말 만들기	55				
종이접기	56~57				
숫자 잇기	60				
나는 누구일까요?	61				
주사위 게임	63				
가로 세로 OX 게임	64				

선생님께서는 부모님들이 자녀의 실력을 안방에서 확인할 수 있도록 각 단원별로 해당란에 ○표 하도록 합니다.

음표왕자 리듬공주 ③ 남주희 저

발행인 박현수
발행처 (주)세광데이타테크 | 서울특별시 용산구 만리재로 178
Tel. 02)714-0048(내용 문의) Fax. 02)719-2656
http://www.sekwangmall.co.kr
공급처 (주)세광아트 Tel. 02)719-2651 Fax. 02)719-2191

등록번호 제 3-962호(1997. 1. 20) **인쇄일** 2024. 10
ISBN 978-89-513-3913-4 93670